Le livre de musique

Conférences Léopold Delisle

Le livre de musique

Catherine Massip

Bibliothèque nationale de France

La conférence « Le livre de musique » a été organisée, dans le cadre des conférences Léopold Delisle, par la Bibliothèque nationale de France avec le soutien d'Henri Schiller.

Comité scientifique :
Henri Schiller, collectionneur, bibliophile
Thierry Grillet, délégué à la diffusion culturelle
Jean-Marc Terrasse, responsable des manifestations culturelles
Antoine Coron, directeur de la Réserve des livres rares
François Avril, conservateur honoraire
Jean-Marc Chatelain, conservateur en chef à la Réserve des livres rares

Les conférences Léopold Delisle offrent à un public de curieux et d'amateurs éclairés des synthèses inédites, érudites et à jour sur le thème du livre et des manuscrits.

Léopold Delisle
Ce grand érudit est une figure emblématique de la Bibliothèque nationale de France. Conservateur au département des Manuscrits, dont il a écrit une histoire magistrale, puis administrateur général de la Bibliothèque nationale de 1874 à 1905, il a donné à la Bibliothèque des impulsions décisives en matière d'aménagements (début de la construction de la Salle ovale, installation des Manuscrits dans leurs locaux actuels) et une grande politique bibliothéconomique en introduisant un nouvel ordre dans le classement des ouvrages et en lançant la publication du *Catalogue général des livres imprimés par ordre alphabétique*.

Déjà parus :
Marie-Pierre Lafitte, *Reliures royales du département des Manuscrits (1515-1559)*
Monique Pelletier, *Cartographie de la France et du monde, de la Renaissance au siècle des Lumières*
Jean Irigoin, *Le Livre grec des origines à la Renaissance*
Jean-Marc Chatelain, *La Bibliothèque de l'honnête homme*
Francis Richard, *Le Livre persan*
Christopher de Hamel, *Les Rothschild collectionneurs de manuscrits*
François Desroches, *Le Livre manuscrit arabe. Préludes à une histoire*
Jean-François Gilmont, *Le Livre réformé au XVIe siècle*

Liberté · Égalité · Fraternité
RÉPUBLIQUE FRANÇAISE

© Bibliothèque nationale de France, 2007
ISBN : 978-2-7177-2397-7
ISSN : 1630-7798

Sommaire

7 Inroduction

11 Du manuscrit à l'édition
Cinq siècles de notation musicale dans les collections
de la Bibliothèque nationale de France
12 Les traités et ouvrages théoriques
14 Les différents types de traités ou écrits sur la musique
20 La notation musicale
22 Le livre de musique au service de la liturgie
24 Graduels et antiphonaires
25 Psautiers, hymnaires, lectionnaires
25 Séquentiaires, tropaires, kyriales
26 À la frontière de la théorie et de la pratique :
les tonaires ou comment mémoriser les mélodies grégoriennes
27 Les livres de musique, mémoire de la poésie lyrique
29 La polyphonie et les premiers « livres de musique »
29 Les « livres d'auteur »
36 Les débuts de l'édition musicale

50 Les sources de la musique baroque
59 Les sources du ballet de cour
63 Formats et présentations des livres de musique
67 Les sources de la musique religieuse : l'exemple du grand motet français
69 Quelques collections de livres de musique
73 Les premiers manuscrits autographes français

78 La « révolution » de l'autographe
80 Franz Joseph Haydn (1732-1809)
88 Wolfgang Amadeus Mozart (1756-1791)
92 Ludwig van Beethoven (1770-1827)
95 Hector Berlioz (1803-1869)
101 Les méthodes de travail de Berlioz

105 Le compositeur au travail : de Debussy à Xenakis

133 Glossaire des termes techniques
137 Index des noms de personnes
142 L'auteur

Introduction

Le sujet des quatre conférences données en 2003 à l'occasion des célébrations pour le bicentenaire de la naissance d'Hector Berlioz invitait à mettre en évidence la présence du «livre de musique» dans les collections de la Bibliothèque nationale de France alors que les ouvrages généraux sur l'histoire des collections de la bibliothèque font peu de place aux collections musicales. Simone Balayé leur consacre une place infime[1], en mettant toutefois en valeur les premiers inventaires de l'abbé Martin et de Roualle de Boisgelou et en rappelant l'historique de la bibliothèque de Pierre-Daniel Huet, évêque d'Avranches, dont la partie musicale se trouve paradoxalement dans le fonds du Conservatoire. Pourtant, la présence de «livres de musique» dans les collections de la Bibliothèque royale est attestée depuis le XVIe siècle : le catalogue de la bibliothèque de 1544, établi au moment du transfert de la bibliothèque de Blois à Fontainebleau, comprend une section réservée aux livres avec notation musicale intitulés «livres de chapelle» : il s'agit donc principalement de livres liturgiques.

La recherche du «livre de musique» dans les collections de la Bibliothèque nationale doit aussi s'abstraire de la situation administrative. En effet, l'existence du département de la Musique, créé en 1942, qui réunit le fonds musical de la Bibliothèque nationale, celui de la bibliothèque du Conservatoire (créée en 1795 et qui possède sa propre histoire), et le fonds de la bibliothèque-musée de l'Opéra, n'exclut pas la présence de «livres de musique» dans les autres départements de la bibliothèque, en particulier au sein du département des Manuscrits, qui accueille une collection d'importance majeure pour toute la période médiévale et les débuts de la polyphonie. En créant, au XIXe siècle, une section particulière matérialisée par la cote Vm, pour y regrouper les documents imprimés ou manuscrits comportant de la musique notée, les bibliothécaires avaient commencé à reconnaître leur spécificité, non démentie dans le cadre de classement général et de cotation fixé par Léopold Delisle dans les années 1880[2].

La légitimité même de l'expression «livre de musique» peut être argumentée. En effet, les termes usuels qui explicitent la présence de musique dans un support écrit, qu'il s'agisse de manuscrit ou d'imprimé, désignent plutôt le type d'ordonnancement choisi pour la notation musicale (par exemple partition, partition réduite, parties séparées) ou bien le type de notation (neumatique, proportionnelle, tablature), mais n'impliquent jamais la référence à la forme «livre».

[1] Simone Balayé, *La Bibliothèque Nationale des origines à 1800*, Genève, Droz, 1988. [2] Voir l'introduction au *Catalogue général des livres imprimés de la Bibliothèque nationale*, t. I, Paris, P. Catin, 1897.

Le *Dictionnaire de musique* de Jean-Jacques Rousseau[3] définit par exemple clairement ce qu'est une partition – « collection de toutes les parties d'une pièce de musique, où l'on voit, par la réunion des portées correspondantes, l'harmonie qu'elles forment entre elles » –, une partie étant « le nom de chaque voix ou mélodie séparée, dont la réunion forme le concert ».

Pourtant, la locution « livre de musique » n'est pas d'invention récente. On la trouve dans une lettre de Peiresc à Gassendi du 29 juillet 1635 : « J'envoyai en mesme temps au P. Mercene le livre de la nouvelle musique de Rome, que j'avoys montré à vostre organiste[4] » ; et dans l'édition musicale, sous diverses formes, mais avec des variantes selon les pays et les époques. Au XVIe siècle, l'éditeur privilégie la mention du type de notation et le genre de musique (ex. : Giulio Abondante, *Intabolatura de lauto*). À la fin du XVIe siècle et au début du XVIIe, le mot « livre » se généralise dans l'édition italienne et surtout vénitienne mais toujours accompagné d'une spécification qui précise immédiatement le genre de musique proposée (ex. : Asola, Giovani Matteo, *Il secondo libro delle Messe a 4 voci*, Venise, A. Gardano, 1580 ; Agazzari, *Il secondo libro de madrigali a cinque voci*, Venise, R. Amadino, 1606, etc.). Le titre peut atteindre un grand degré de précision qui constitue à la fois une publicité et une aide pour l'interprète interpellé (ex. : Antonio Badi, *Il primo libro de concerti a due, tre et quatuor voci per cantare su l'organo o altri strumenti con il basso continuo*, Venise, G. Scotto, 1610). Il existe cependant des formes proches, « livre des musiques », « livre mis en musique » (ex. : Francesca Caccini, *Il primo libro delle musiche a una e due voci*, Florence, Z. Pignoni, 1618). L'édition allemande suit parfois cet exemple (ex. : Gregor Aichinger, *Liber sacrarum cantionum*, Nuremberg, P. Kauffmann, 1597) mais se distingue par des titres longs et complexes qui écartent le mot livre. Au contraire, l'édition française fait un usage récurrent du mot tout au long du XVIIe siècle. (ex. : Bacilly, *Second livre d'airs gravez*, Paris, 1664 ou, du même, *Livre d'airs spirituels*, 1692), notamment dans les publications pour clavier, usage que l'on retrouve au XVIIIe siècle. Ici le terme « livre » tient lieu de substitut au numéro d'opus (ex. : d'Anglebert, *Pièces de clavecin... Livre premier*, Paris, 1689 ; Claude Balbastre, *Pièces de clavesin. Premier livre*, Paris, 1759). En effet, au XVIIIe siècle, le titre annonce plus directement la forme musicale (« Six sonates », « Six simphonies [*sic*] ») complétée le plus souvent par le nom des instruments destinataires puis par le numéro d'opus ou d'œuvres. Les éditeurs abusent aussi du mot « recueil », « recueil d'airs », « recueil de romances », « recueil de chansons », « recueil d'ariettes ». L'indication du numéro d'œuvre ou d'opus n'est d'ailleurs pas une trouvaille du XVIIIe siècle. Elle apparaît au milieu du XVIIe siècle. On en a un exemple à Innsbrück en 1659 (Georg Arnold, *Canzoni, arie et sonate una, duabus, tribus et quatuor violis cum basso... opus tertium*, Innsbrück, M. Wagner, 1659) suivi par Bologne (Francesco Asioli, *Concerti armonici per la chitarra spagnuola, opera terza*, Bologne,

---

[3] Paris, Vve Duchesne, 1768. [4] Claude Fabri de Peiresc, *Lettres de Peiresc publiées par Tamizey de Larroque*, Paris, Imprimerie nationale, 1892, vol. IV, p. 524.

G. Monti, 1676). Le terme fait florès dans les années 1670 ; Bassani l'emploie systématiquement à partir de 1677 pour numéroter ses publications (Bassani, *Balletti, correnti, opera prima*, 1677). Il peut constituer à lui seul le titre, de façon fort peu explicite quant au contenu (ex. : Johann Baal, *Opus primum*, Bamberg, Autor, 1677). Utilisé en compagnonnage avec le précédent système, il peut aboutir à des formulations curieuses sinon contradictoires (ex. : Luigi Battiferri, *Il primo libro de motetti a voce sola. Opera quarta*, Bologne, G. Monti, 1669). Dans ces conditions, le terme « œuvre », de règle dans l'édition française du XVIIIe siècle, reprend bien un usage italien, avec quelque hésitation quant à sa place (Jean-Baptiste Anet, *Premier œuvre de musettes*, Paris, Boivin, Leclerc, 1730).

En marge de cet *excursus* concernant les intitulés en usage dans l'édition musicale, rappelons que l'expression « livre de musique » n'indique pas s'il s'agit d'un livre imprimé ou manuscrit. Cette distinction semble ne s'être imposée que progressivement : au XVIIIe siècle, le contenu est privilégié puisque l'on placera les livres de musique de la collection de Brossard ou les manuscrits autographes de Marc-Antoine Charpentier dans le département des Imprimés et non au cabinet des Manuscrits, tandis qu'au XIXe siècle les manuscrits autographes de Ferdinand Hérold rejoindront aussi la série Vm réservée à la musique au sein du même département.

L'intitulé ne tranche donc pas la question du support – manuscrit, imprimé – pas plus que la question du contenu : livre sur la musique, livre contenant de la notation musicale ?

Plutôt que de résoudre ces ambiguïtés, nous avons finalement préféré proposer quatre essais esquissant à grands traits et par grandes périodes quelques-unes des formes que peut prendre le livre de musique dans les collections de la Bibliothèque nationale de France : nous espérons qu'ils inviteront les amateurs de musique à explorer la très riche littérature spécialisée suscitée par ces collections.

Du manuscrit à l'édition
Cinq siècles de notation musicale dans les collections de la Bibliothèque nationale de France*

Bien que la présence de musique notée soit effective dans un certain nombre d'éditions incunables d'ouvrages théoriques, il n'existe pas à proprement parler d'incunables dans le domaine de l'édition musicale puisque la première publication de l'imprimeur vénitien Ottaviano Petrucci date du 15 mai 1501. Pourtant, les partitions en usage aujourd'hui que l'on peut assimiler à de véritables « livres de musique » par la présentation résultent d'un long processus qui s'est construit depuis les premières traces de notation musicale dans les manuscrits du haut Moyen-Âge. En effet, le livre suppose la transmission écrite de données alors que la musique se transmet aussi et tout naturellement oralement. Le statut ambigu de la musique, science ou art, a tantôt aidé tantôt freiné cette appropriation de la transmission par l'écrit qui s'étend sur des siècles.

Avant l'apparition de l'imprimé, il n'existe pas à proprement parler un grand livre de musique que l'on pourrait proposer comme une pièce fondatrice de l'édifice mais des milliers de manuscrits dans lesquels se trouvent de façon plus ou moins développée des formes de notations musicales extrêmement variables par leur origine, leur importance, leur type, par leur forme et leur signification. Pour le seul département des Manuscrits de la Bibliothèque nationale de France, dans les années 1930, Amédée Gastoué avait recensé la présence de notations musicales dans plus de quatre mille manuscrits. Les inventaires des manuscrits latins réalisés au cours des cinquante dernières années donnent avec grande précision les références des différents types de notations musicales que l'on y peut trouver[1]. Quant aux premiers manuscrits portant des notations neumatiques, leur liste n'a cessé de s'accroître tandis que la datation attribuée au IXe siècle et généralement admise était, par certains spécialistes, repoussée au VIIIe siècle. Solange Corbin[2] recensait déjà trente-six manuscrits dont deux de

---

*Nous remercions très vivement Mme Marie-Noël Colette, directeur d'études à l'École pratique des hautes études (EPHE), pour sa relecture attentive et ses nombreuses et fructueuses suggestions. **1** *Catalogue général des manuscrits latins de la Bibliothèque nationale. Tables des tomes I et II. 1 à 1438 et 1439 à 2692, par Pierre Gasnault et Jean Vézin*, Paris, Bibliothèque nationale, 1968. La rubrique « Notation musicale » donne environ 90 manuscrits pour la seule notation aquitaine et au-delà d'une centaine pour la notation carrée entre autres. La table des tomes III à VI, 2693-3775, par Denise Bloch, Pascale Bourgain, Marie-Pierre Laffitte et Jacqueline Sclafer (Paris, Bibliothèque nationale, 1981), donne de même une cinquantaine de références. La table du tome VII, 3776-3835, par Françoise Bléchet, Marie-Françoise Damongeot, Jacqueline Sclafer et Marie-Pierre Laffitte (Paris, Bibliothèque nationale, 1991), donne un peu moins de dix références pour l'ensemble des notations. **2** Solange Corbin, *Die Neumen*, éd. Wulf Arlt, Cologne, Arno Volk Verlag, H. Gerig, 1977, p. 3.23 et suiv. (Paläographie der Musik, I / 3).

la bibliothèque de l'Arsenal[3] et six pour le fonds latin du département des Manuscrits de la Bibliothèque nationale de France. L'antiphonaire de Charles le Chauve (Latin 17436)* est un bon exemple des contradictions que doivent affronter les spécialistes : si le manuscrit peut être daté sans conteste de la deuxième moitié du IXe siècle (vers 860-870), les notations neumatiques qu'il contient ont pu être ajoutées un peu plus tardivement.

* ill. 1

À partir de quelques exemples pris dans les collections de la Bibliothèque nationale de France, nous souhaitons retracer à grandes lignes ce phénomène que l'on pourrait inscrire sous l'intitulé suivant, en plagiant le titre d'une mémorable exposition naguère consacrée aux manuscrits à peinture : «quand la musique était dans les livres». Ces exemples invitent à d'autres questions : à quoi sert la notation musicale? comment a-t-elle évolué et sous quelles formes? dans quels types de livres manuscrits pouvons-nous la trouver? lorsque l'édition musicale apparaît, que doit-elle au livre manuscrit? quels sont les liens, dans certains manuscrits, entre le texte, la musique et la peinture[4]?

Les traités et ouvrages théoriques[5]

Au Moyen-Âge, ainsi que l'a souligné Michel Huglo, reprenant une phrase de Gui d'Arezzo – *Musicorum et cantorum magna est distantia*[6] –, il existe une différence fondamentale entre le *musicus*, théoricien de la musique, connaissant l'*Ars musicae* et le *cantor*, le praticien, qui a la responsabilité de la liturgie et du chant au chœur, qu'il transmet par voie orale à ses successeurs.

Depuis l'Antiquité grecque, la musique a été considérée comme une science en raison de ses fondements théoriques et, avant tout, parce qu'elle participe d'une conception du monde. Elle figure dans l'*universitas litterarum* aux côtés de la rhétorique, de la dialectique, de la grammaire, de la géométrie, de l'arithmétique et de l'astronomie. Au Moyen-Âge, elle fait partie des arts libéraux : dans les facultés des arts des universités médiévales, elle est enseignée au sein des quatre disciplines qui forment le *quadrivium* avec l'arithmétique, la géométrie et l'astronomie.

Ceci a de fortes incidences sur la transmission des textes concernant la musique. Ils ne constituent pas des entités isolées mais s'intègrent dans des corpus théoriques; leur contenu demeure contraint par une tradition très forte, ancrée dans l'Antiquité, et qui autorise peu d'évolutions. Toute la démarche des théoriciens pendant des siècles tendra à introduire les éléments de musique pratique au sein ou en marge de ces schémas théoriques.

La pensée des théoriciens de l'Antiquité grecque se transmet au monde latin puis médiéval par l'intermédiaire de Boèce (vers 480-524). Dans les cinq

---

3 Ms. 227 et Ms. 110. **4** Marie-Noël Colette, Marielle Popin, Philippe Vendrix, *Histoire de la notation musicale du Moyen-Âge à la Renaissance*, Minerve, Centre d'études supérieures de la Renaissance, 2003. **5** Christian Meyer, *Les Traités de musique*, Turnhout, Brepols, 2001 (Typologie des sources du Moyen-Âge occidental). **6** Michel Huglo, *Les Tonaires : inventaire, analyse, comparaison*, Paris, Société française de musicologie, 1971, p. 11.

1 Antiphonaire de Charles le Chauve. Manuscrit, vers 860-870.
BNF, Manuscrits, Latin 17436, f. 29.
Exemple de notation neumatique dite « protomessine », qui a été insérée ultérieurement
(dénommée d'après l'aire géographique, c'est-à-dire la Lorraine et la Champagne principalement).

livres du *De institutione musica*, il rassemble et commente un corpus de textes sur la musique empruntés à Platon, Nicomaque, Aristoxène de Tarente ou Ptolémée. Cent quarante et un manuscrits qui transmettent soit le texte complet soit des extraits ont été recensés, témoignant de l'autorité incontestable accordée à ces textes. Ils furent produits dans un premier temps par les *scriptoria* du Nord de la France, l'apogée de cette diffusion se situant entre le IXe et le XIIe siècle. En introduisant les notions de *musica mundana, musica humana, musica instrumentalis*, Boèce ouvre le premier la voie à la notion de musique pratique[7].

D'autres traditions se développent. Les chapitres consacrés à la musique par Cassiodore dans les *Institutions* et par Isidore de Séville dans les *Étymologies*, qui proposent d'autres classifications ou d'autres présentations du système acoustique, auront leur postérité chez des théoriciens du IXe siècle comme Aurélien de Réomé (*Musica disciplina*).

Les différents types de traités ou écrits sur la musique

L'achèvement du recensement des manuscrits comportant des textes de théorie musicale permet de dégager quelques principes généraux sur leur mode de diffusion et leur nature[8]. Comme le fait observer Christian Meyer, « les traités de musique sont le plus souvent de petits opuscules dont le support le plus approprié est celui du *libellus* formé de deux ou trois cahiers[9] » ; la brièveté des textes et l'usage d'en extraire les passages nécessaires à la démonstration du compilateur a entraîné la formation de « collections » de textes dont on peut suivre la transmission. La diffusion de ces corpus s'inscrit dans des aires géographico-culturelles déterminées (France, Italie, Allemagne) et dans une durée relativement limitée, Boèce et Gui d'Arezzo représentant l'exception à cette règle. Ils soulèvent de nombreuses questions d'attribution, de datation et de chronologie. Tout aussi hypothétiques, leur usage et leur destination semblent aussi variables que les contenus : enseignement, mode d'emploi pour les notateurs, compilations pour des cercles d'intellectuels s'intéressant à la musique, références pour des ecclésiastiques souhaitant connaître l'organisation modale du chant liturgique.

Les écrits sur la notation musicale ont une durée de diffusion naturellement plus brève en raison de l'évolution de celle-ci. Pour schématiser, ils se développent dans une première période en même temps que la mise en œuvre de la polyphonie – dont les bases théoriques sont explicitées dès le IXe siècle dans la *Musica enchiriadis*. La superposition de deux voix ou plus conduit à les

---

[7] Voir Boèce, *Traité de la musique*, éd. par Christian Meyer, Turnhout, Brepols, 2004, et Christian Meyer, *Les Traités de musique*, Turnhout, Brepols, 2001, p. 21-28, pour un résumé complet du système théorique de Boèce concernant les proportions des intervalles, la division du ton, les consonances, les tons de transposition, la nomenclature des sons et les mesures acoustiques sur des corps sonores.
[8] *The Theory of music. Manuscripts from the Carolingian Era up to c. 1500*, Munich, Henle Verlag, 1961-2002, 6 vol. Pour la France, voir vol. I, éd. J. Smits van Waesberghe (Répertoire international des sources musicales, B III). [9] Christian Meyer, *Les Traités de musique*, Turnhout, Brepols, p. 119.

coordonner par l'introduction de signes concernant la mesure du rythme, y compris les silences. Ces signes seront développés dans les traités de notation de la polyphonie de l'Ars antiqua entre la fin du XIIe siècle et la fin du XIIIe siècle comme l'*Ars cantus mensurabilis* de Francon, puis, dans un second temps, aux XIVe et XVe siècles lorsque les théoriciens de l'Ars nova élaborent des systèmes de plus en plus complexes de notation, ainsi Jean de Murs (*Notitia artis musicae*, 1321). À la fin du XVe siècle, la prédominance des traités de musique pratique va de pair avec l'importance croissante des traités en langue vernaculaire et l'apparition de textes théoriques sur des sujets apparentés comme la danse (l'un des premiers traités est celui de Guillaume l'Hébreu). À la même époque, les grands théoriciens se font aussi compositeurs comme Johannes Tinctoris qui laisse un traité de contrepoint essentiel (*Liber de arte contrapuncti*, 1477) ou Franchino Gafori (1451-1522), dont les œuvres religieuses ont été rassemblées dans quatre volumes conservés à Milan.

Les traités de musique offrent des traits caractéristiques : usages de diagrammes complexes figurant les sons, leurs rapports intervalliques et leurs rapports arithmétiques, présence de supports mnémotechniques et enfin l'utilisation de notation musicale pour des exemples[10]. On trouve déjà chez Boèce un système cohérent de désignation des notes[11]. Il utilise les lettres de l'alphabet latin en attribuant au *la* 1 la lettre A. Le *sol* grave est désigné par la lettre grecque gamma ; le mot gamme désignera donc l'ensemble des sons que la voix peut chanter. Le *sol*, sous la forme d'un G déformé deviendra la clé de *sol*. Au moine bénédictin Gui d'Arezzo (vers 995-vers 1050) qui, dans son traité *Micrologus de disciplina artis musicae*, s'inscrit dans la tradition du *De musica* de Boèce[12], on attribue, outre l'invention des lignes de la notation musicale, l'idée d'associer à chaque segment mélodique de l'hymne à saint Jean non seulement une syllabe mais surtout un ensemble d'intervalles mélodiques à mémoriser[13]. Une autre innovation importante de Gui d'Arezzo est la notion d'hexacorde ou succession de six notes qui se répartissent en tons autour du demi-ton central : la solmisation permet d'appliquer cet ordonnancement à différents degrés de l'échelle. La présence de la main dite guidonienne[14]★ dans les manuscrits correspond à l'un des aspects de la transmission de la musique et de son enseignement : comment mémoriser les hauteurs de notes associées à des noms, comment mémoriser aussi les intervalles. On en connaît de nombreuses versions du XIIe au XVIIe siècle. Elle représente de façon synoptique la succession des notes avec leur nom équivalent dans la terminologie musicale grecque★. La main se trouve

★ ill. 2 a

★ ill. 2 b

---

10 Marie-Noël Colette, Marielle Popin, Philippe Vendrix, *Histoire de la notation musicale du Moyen-Âge à la Renaissance*, Minerve, Centre d'études supérieures de la Renaissance, 2003. **11** Boèce se sert d'un ordre alphabétique discontinu (A, B, C, E, H, I, M, O, X, Y, CC, DD correspondant à *la, si, do, ré, mi, fa, sol, la, si, do, ré, mi*). **12** Voir Gui d'Arezzo, *Micrologus*, trad. et commentaire Marie-Noël Colette, Jean-Christophe Jolivet, Paris, IPMC, 1993. **13** <u>Ut</u> queant laxis / <u>Resonare</u> fibris / <u>Mira</u> gestorum / <u>Famuli</u> tuorum / <u>Solve</u> polluti / <u>Labii</u> reatum / <u>Sancte</u> Johannes. Voir Christian Meyer, *Les Traités de musique, op. cit.*, p. 106 et pl. VI. **14** D'après le nom de Gui d'Arezzo. La main guidonienne est l'un des types de mains de solmisation dont d'autres exemples sont attestés depuis le Xe siècle.

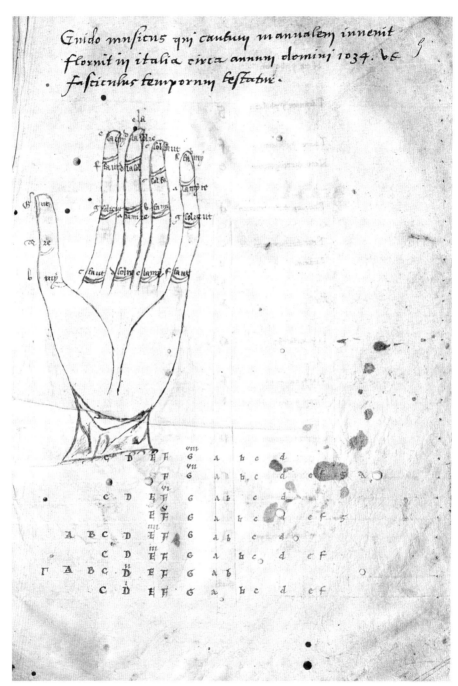

2 Manuscrit, XIIe siècle.
BNF, Manuscrits, Lat. 7203,
f. 5 r° et 5 v°.

a F. 5 r° : main ajoutée au XVe siècle, indiquant le système complet des notations.

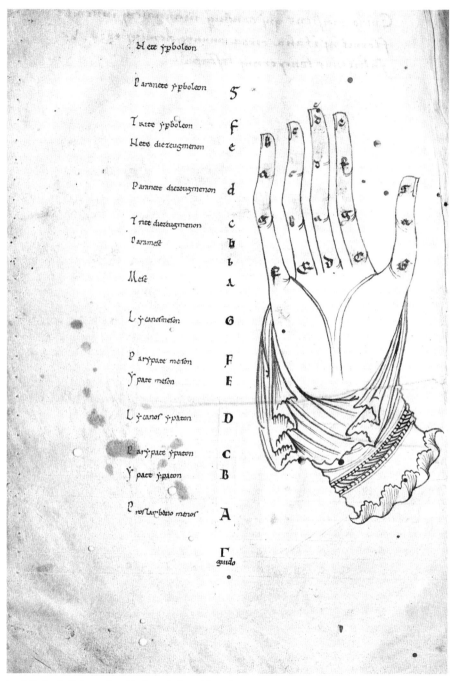

b F. 5 v°, XIIe siècle : main guidonienne indiquant les notes (désignées par des lettres) et leur correspondance dans le système grec faisant référence à la division du monocorde.

ainsi instrumentalisée comme auxiliaire de la mémoire. Chacun des quatre doigts (hormis le pouce) représente un tétracorde ou suite de quatre sons. L'ensemble, soit seize notes ou deux octaves auxquelles on ajoute une note symbolisée par la main, correspond à l'amplitude de la voix chantée[15].

La constitution d'un vocabulaire est au cœur de la démarche des théoriciens : elle concerne aussi les instruments pour lesquels des définitions lexicales associées à une image se glissent déjà dans les grandes entreprises encyclopédiques du Moyen-Âge comme le *Livre des propriétés des choses* de Barthélémy l'Anglais.

*ill. 3

Au commencement était Pythagore : en plaçant la figure du philosophe mathématicien au début de sa *Theorica musice* publiée en 1492[16], le théoricien milanais Franchino Gafori reconnaît en lui l'autorité qui fonde toute démarche spéculative sur la musique*. La théorie pythagoricienne sur la nature du son qui a été transmise depuis le IIe siècle par les écrits de Ptolémée, dont ses trois livres d'*Harmoniques*, imprègne en effet les écrits théoriques sur la musique jusqu'aux premiers grands traités imprimés comme la *Theorica musice*. Cette image complexe revient en quelque sorte aux sources tout en offrant une synthèse des connaissances sur le phénomène physique du son. Ici associée à Pythagore, la figure de Jubal, le maître forgeron, préside à la naissance du son réalisée par ses six acolytes. Chacun d'eux tient un marteau portant un chiffre : 4, 6, 8, 9, 12, 16, série que l'on va retrouver avec les différents modes de production du son symbolisés par des objets : les cloches et les verres remplis d'eau pour symboliser les idiophones ou instruments à percussion au registre 2, les cordes tendues sur un cadre pour les cordophones au registre 3, enfin les aérophones ou instruments à vent par les flûtes au registre 4. Ces catégories se trouvent déjà chez Boèce qui distingue aussi les *percussonalia* (idiophones), les *tensibilia* (cordophones) et les *inflatilia* (aérophones). Jubal Caïn rattache Pythagore à la tradition biblique : dans le livre de la Genèse, Youbal, fils de Lamek, descendant direct de Caïn est le père des joueurs de lyre ou de chalumeau ; son demi-frère, Tubal Caïn, fils de Lamek et de Cilla, est le forgeron, père de tous les artisans du bronze et du fer (le livre apocryphe de Lamek développe cette thématique, Lamek invente la lyre pour pleurer la mort de son fils ; il engendre un fils, Tubal Caïn, inventeur du tambour et une fille, Julal, qui aurait créé la harpe ; l'iconographie médiévale a réinventé à l'aide de ces divers personnages un troisième Youbal Caïn qui conjugue leurs caractéristiques, il est souvent représenté frappant une enclume ou des objets métalliques de différentes dimensions suspendues à une barre transversale[17]). La présence de son disciple, Philolaus, philosophe et mathématicien, dans le registre 4 à ses côtés rappelle que les consonances se définissent aussi par des rapports numériques ici

---

15 Joseph Smits van Waesberghe, *Musikerziehung, Lehre und Theorie der Musik im Mittelalter*, édité par Heinrich Besseler et Werner Bachmann, Leipzig, Deutscher Verlag für Musik, 1969 (Musik Geschichte in Bildern, Musik des Mittelalters und der Renaissance, vol. III, 3), représentations de mains guidoniennes. **16** Franchino Gafori, *Theorica musice*, Milan, Filippo Mantegazza (Giovanni Pietro de Lomazzo), 1492, p. 18. **17** Par exemple dans *Le Champion des dames* de Martin le Franc, Arras, 1451.

3   Franchino Gafori, *Theorica musice*, Milano, Filippo Mantegazza (Giovanni Pietro de Lomazzo), 1492. BNF, Musique, Rés. 450.
Grâce aux représentations de Jubal, Pythagore et Philolaus sont figurées les expériences sur la production du son, les différents types d'instruments et les proportions numériques des intervalles.

partagés entre Pythagore (8, 9, 12) et Philolaus (6, 4, 12). Pythagore a «découvert», en observant et comparant des cordes vibrantes de longueur déterminée et proportionnelle, l'existence et le principe de consonances fondamentales : l'octave (rapport 2 : 1), la quinte (rapport 3 : 2), la quarte (rapport 4 : 3). Fonder une réalité physique sur des rapports mathématiques demeure une intuition géniale mais qui sera source de siècles de discussions puisque ne peut entrer dans ce système le rapport mathématique qui rend compte de la tierce.

L'apparition de l'imprimerie facilite la diffusion de nombreux textes souvent destinés à l'apprentissage mais aussi la redécouverte des textes théoriques grecs, en premier lieu ceux d'Aristoxène de Tarente, de Ptolémée ou de Porphyre[18], avant que le XVIIe siècle ne découvre à son tour d'autres textes comme ceux d'Aristide Quintilien édités au sein de compilations comme celle de Marcus Meibom en 1652[19] ou du mathématicien John Wallis en 1699[20]. On les retrouve dans la première grande collection musicale acquise par la Bibliothèque royale en 1724, celle de Sébastien de Brossard[21]. La section «Théoriciens» de son catalogue comprend 152 références dont la plus récente date de 1722 – le *Traité de l'harmonie reduite à ses principes naturels* de Jean-Philippe Rameau – et la plus ancienne, de 1497. Il s'agit de l'ouvrage de Franchino Gafori, *Musice utriusque cantus practica*, qui suscite une note erronée de Brossard : « Ce livre est tres rare, et est je crois, le premier pour lequel on ait gravé et fondu des characteres de musique. »

La présentation des ouvrages théoriques jusqu'au XVIIe siècle gardera dans la typographie quelques traits de la tradition de présentation des manuscrits médiévaux : choix de formats in-folio ou grand in-quarto, texte souvent – mais pas toujours – sur deux colonnes, souci de compléter les textes par des schémas explicites ou des illustrations quand il s'agit d'exprimer les rapports géométriques, de montrer des instruments de musique ou des expériences sur la production du son.

La notation musicale

L'immense corpus de mélodies utilisées dans le cadre des cérémonies religieuses constitué au cours des premiers siècles de l'église chrétienne, connaît un profond développement au milieu du VIIIe siècle avec la réforme carolingienne qui a pour objet de maîtriser cet aspect essentiel de la liturgie[22]. L'utilisation

---

18 Voir l'édition de Venise, V. Valgrisi, 1562. **19** François Lesure éd., *Écrits théoriques 1600-1800*, Munich, Henle, 1970- (Répertoire international des sources musicales, B / I). M. Meibom éd., *Antiquae musicae auctores septem : graece et latine*, Amsterdam, L. Elzevir, 1652. **20** Voir l'édition d'Oxford, *Theatro Sheldoniano*, 1699. **21** *La Collection de Sébastien de Brossard : 1695-1730*, catalogue édité et présenté par Yolande de Brossard, Paris, BNF, 1994, p. 34 et suiv. **22** Voir *The study of medieval chant : paths and bridges, East and West*, éd. par Peter Jeffery, Woobridge, Rochester, Boydell Press, 2001 et, notamment, l'article de Michel Huglo « The cantatorium from Charlemagne to the Fourteenth Century ». Également Michel Huglo, « Bilan de 50 années de recherches 1939-1989 sur les notations musicales de 850 à 1300 », *Acta musicologica*, 1990, p. 224-259.

d'un médium comme l'écriture permettait à la fois la transmission et le contrôle de ce corpus. Les premières notations connues apparaissent au IXe siècle dans divers types de livres liturgiques mais ajoutées soit en marge soit sur quelques feuillets[23].

Bien que, selon la définition critique d'Annie Coeurdevey, la notation par le moyen des neumes n'ait représenté qu'une «symbolisation purement agogique des inflexions vocales, impuissante à renseigner sur les intervalles mélodiques[24]», on ne peut dénier à ce type de notation musicale une sophistication certaine dont témoigne le développement de signes bien distincts : par exemple, les neumes de deux notes : *pes, clivis*, les neumes indiquant différents types de mouvements mélodiques et utilisant trois notes (*torculus, porrectus, climacus*, soit un groupe descendant de trois notes au moins), trois notes ou plus (*scandicus*) ou, enfin, les neumes de conduction – *oriscus, salicus* et *quilisma* – qui «comportent un signe dont la fonction particulière est de conduire le mouvement mélodique[25]». L'ajout d'une ligne pourvue d'une indication de note, système à l'origine de nos clés modernes puis de plusieurs, jusqu'à quatre, parfois de couleurs différentes, permet de préciser la lecture des intervalles de la mélodie. L'éparpillement géographique des centres de production n'a pu que favoriser les différentes «familles de notations» dont nous constatons aujourd'hui l'existence : paléofranque, messine, bretonne, aquitaine à laquelle se rattachent les manuscrits de Saint-Martial-de-Limoges, et, hors de France, hispanique, sangalienne (abbaye de Saint-Gall), catalane, bénéventaine, etc. L'usage de notation neumatique n'est pas réservé à la musique monodique : elle sert également à transcrire les premières polyphonies comme par exemple le graduel de Saint-Maur au XIe siècle (BNF, Manuscrits, Latin 12584) dont le principe (superposition de deux lignes mélodiques selon des rapports définis) est exposé dès le IXe siècle dans le traité anonyme *Musica enchiriadis*.

Dans le manuscrit Latin 10508[26], daté du XIIe siècle★, qui provient de l'abbaye bénédictine de Saint-Évroult d'Ouche, on trouve une notation en neumes français de la deuxième époque qui ont été transcrits avant que le manuscrit ne soit ligné avec, sur certaines lignes, l'ajout des lettres a et e (*la, mi*). D'autres lignes ont ensuite été soulignées en rouge (F, *fa*) et en vert (C, *do*). Fondée par Évroult, son premier abbé mort en 706, l'abbaye connaît son apogée à l'époque où y vit l'historien Orderic Vital, entre 1085 et 1142. Le contenu composite du manuscrit, un tropaire qui transmet à la fois les mélodies de l'ordinaire de la messe et six traités, dont le *Micrologus* de Gui d'Arezzo, a valeur d'exemple. Il contient les incipit pour l'introït, l'offertoire et la communion pour toute l'année, des *Kyrie, Gloria, Sanctus, Agnus* tropés (c'est-à-dire avec une mélodie

★ ill. 9, p. 41

---

23 Voir Marie-Noël Colette, Marielle Popin, Philippe Vendrix, *Histoire de la notation musicale du Moyen-Âge à la Renaissance*, Minerve, Centre d'études supérieures de la Renaissance, 2003, p. 23-26. **24** Annie Coeurdevey, *Histoire du langage musical occidental*, PUF, coll. «Que sais-je?», 1998, p. 7. **25** Luigi Agustoni, *Le Chant grégorien, mot et neume*, Rome, Herder, 1969, p. 175. **26** Voir Bruno Stäblein, *Schriftbild der einstimmigen Musik*, Leipzig, Deutscher Verlag für Musik, 1975, p. 118; David Hiley, *Western Plainchant : a Handbook*, Oxford, Clarendon Press, 1995, p. 316.

interpolée) puis non tropés, des séquences souvent avec le graduel et l'alléluia de la messe en question.

À la fin du XIIe siècle la notation carrée noire commence à s'imposer[27]. Elle évoluera selon trois systèmes, le système modal, le système franconien et, au XIVe siècle, le système de l'Ars nova qui ouvre la voie à la notation proportionnelle actuelle. L'enjeu de cette évolution est double, d'une part noter les nouvelles polyphonies, d'autre part, rationaliser et rendre plus précise, au besoin à l'aide de raisonnements mathématiques, la notation du rythme. Le système modal reprend les schémas antiques qui associent longues et brèves (non divisibles), la mesure parfaite étant constituée d'une longue juste et d'une brève juste : « le mode permet de mesurer le temps en Longues et en Brèves[28] ». Le traité de Francon, *Ars mensurabilis musicae* (1280), puis celui de Jean de Murs[29] situent au contraire la plus petite valeur, la brève, au cœur d'un système de mesure du temps : elle devient l'unité de pulsation. Théoricien de l'Ars nova, Philippe de Vitry, poursuit cette démarche en élaborant un système de division de la plus petite valeur. La couleur rouge est introduite pour différencier les divisions de nature binaire (imparfaite) ou ternaire (parfaite). L'un des derniers traits visibles de cette évolution vers la notation moderne est l'apparition de la notation blanche (ou noire évidée) vers 1430 qui, cependant, ne correspond pas encore à un changement des fondements théoriques[30].

Le livre de musique au service de la liturgie[31]

Pour résumer de façon sommaire la synthèse de Michel Huglo sur les formes liturgico-musicales du haut Moyen-Âge[32], les chants qui sont donnés au cours de la messe ou des divers offices appartiennent à trois catégories : antienne (une pièce de chant qui encadre un psaume et qui détermine le ton psalmodique), répons (« chant mélismatique de l'office ou de la messe qui habituellement fait suite à une lecture ») et hymne (chant en vers métriques groupés en strophes, qui se répètent sur un même schéma mélodique). À partir de ces chants ont proliféré du Xe au XIIe siècle des amplifications affectant soit le texte soit la mélodie que l'on peut désigner sous deux termes généraux, les proses ou

---

27 Voir Marielle Popin, « La notation carrée noire », dans Marie-Noël Colette, Marielle Popin, Philippe Vendrix, *Histoire de la notation musicale du Moyen-Âge à la Renaissance*, Minerve, Centre d'études supérieures de la Renaissance, 2003, p. 93 et suiv. **28** *Ibid.*, p. 100. **29** Jean de Murs, *Écrits sur la musique*, traduction et commentaire de Christian Meyer, Paris, Éd. du CNRS, coll. « Sciences de la musique », 1998. **30** Voir Philippe Vendrix, « La notation à la Renaissance » dans Marie-Noël Colette, Marielle Popin, Philippe Vendrix, *Histoire de la notation musicale du Moyen-Âge à la Renaissance, op. cit.*, p. 135 et suiv. **31** Cet exposé doit l'essentiel de son contenu aux ouvrages suivants : Michel Huglo, *Les Livres de chant liturgiques*, Turnhout, Brepols, 1988 ; David Hiley, *Western Plainchant : a Handbook*, Oxford, Clarendon Press, 1995 (notamment chapitre III, p. 287 et suiv.) ; *id.*, *Die Erschliessung der Quellen des mittelalterlicher liturgischer Gesangs*, Wiesbaden, Harrassowitz, 2004. Pour Paris, voir Madeleine Bernard, *Répertoire des manuscrits médiévaux contenant des notations musicales* : vol. I, Bibliothèque Sainte-Geneviève (1965) ; vol. II, Bibliothèque *Mazarine* (1966) ; vol. III, *Bibliothèques parisiennes. Arsenal, Nationale (Musique), Universitaire, École des beaux-arts et fonds privés* (1974). Pour le département des Manuscrits de la BNF, le répertoire est en cours sous la direction de Marie-Noël Colette. **32** Michel Huglo, *Les Livres de chant liturgiques*, Turnhout, Brepols, 1988, chapitre I et suiv.

prosules, qui s'adaptent à de longues mélodies, les tropes, qui s'insinuent entre des sections existantes des anciens chants[33].

Le rôle des livres dans lesquels le plain-chant a été noté depuis l'époque carolingienne est double : ils servent d'aide-mémoire aux chantres, soit qu'ils maintiennent un corpus contraint et contrôlé, soit qu'ils reflètent les usages locaux ou particuliers à tel ordre. Ces livres sont par essence de natures très diverses et extrêmement complexes par leur contenu. Ils contiennent des matériaux pour différentes parties du cycle liturgique et pour l'usage des différents protagonistes participant aux célébrations. Les combinaisons possibles sont donc nombreuses.

Leurs formats et leur présentation peuvent aussi varier sans toutefois atteindre le même degré de sophistication que les chansonniers. La notion de *libellus* – un cahier non relié qui contient de un à trois quaternions –, déjà utilisée pour les textes théoriques, est également pertinente pour la diffusion de certains offices locaux[34]. Pour les codex, Michel Huglo distingue quatre formats, carré (hauteur égale à la largeur), rectangulaire (plus haut que large), oblong (la hauteur équivaut à deux largeurs), album (la largeur équivaut à deux hauteurs). Ce dernier format annonce le format dit « à l'italienne », qui sera propre à la musique dès la fin du XVe siècle. Les livres liturgiques destinés à être posés sur un lutrin pour être lus à distance par plusieurs chantres atteignent des dimensions importantes : les portées y sont très espacées et la notation de calibre gros.

Il faut distinguer[35] :
– les livres contenant texte et musique, qui doivent être récités ou chantés, différents des livres expliquant comment la liturgie doit être célébrée ;
– les livres pour la messe, les livres pour l'office et les livres pour d'autres cérémonies ;
– les livres pour le prêtre ou l'officiant, les livres pour le chantre, c'est-à-dire la *schola*, et les livres pour d'autres personnes.

La musique notée se trouve en général dans les livres destinés aux chantres mais on ne peut pas dire que sa présence ait intrinsèquement modifié la présentation des manuscrits. Par exemple, le graduel, qui est destiné au chantre, ne contient pas les récitations du prêtre pour l'ordinaire de la messe (*Kyrie, Gloria, Sanctus, Agnus*). Autre exemple, les chants destinés à des cérémonies célébrées par un évêque se trouvent normalement dans un pontifical.

Certains livres comme les *Ordines* qui précisent les modalités de célébrations de la messe et les rituels de l'année liturgique (processions, Rogations, Semaine sainte, ordinations), ne contiennent pas nécessairement de musique mais de précieuses indications sur l'exécution des chants.

33 Définition empruntée à l'introduction de Marie-Noël Colette pour *Tropaire séquentiaire prosaire prosulaire de Moissac (troisième quart du XIe siècle)*, manuscrit Paris, Bibliothèque nationale de France, N. a. l. 1871, édition, introduction et index par Marie-Noël Colette, analyse de l'écriture et de la décoration par Marie-Thérèse Gousset, Paris, Société française de musicologie, 2005. **34** Voir les exemples donnés par Michel Huglo, *Les Livres de chant liturgiques, op. cit.*, p. 70-73. **35** Nous reprenons ici David Hiley, *Western Plainchant : a Handbook, op. cit.*

Les sacramentaires contiennent les prières (*preces, orationes*) récitées par l'officiant à la messe pour administrer les sacrements, pour les consécrations, ordinations ou autres rites. Les principales prières sont le canon de la messe, avec ses préfaces propres selon la période de l'année, la collecte, la secrète et les prières post-communion, qui sont propres à chaque messe. Les premiers sacramentaires romains datent du VIe siècle. Ils ne comportent pas de notation musicale sinon pour le canon de la messe chanté par le célébrant. Par exemple, l'ancien sacramentaire de Gélase (BNF, Manuscrits, Latin 7193), daté du VIIIe siècle, procéderait peut-être d'un modèle élaboré par l'abbaye de Flavigny sous Pépin le Bref. Après le XIe siècle, ils sont de plus en plus enrichis de lectures et pièces de chant puis laissent la place aux missels. Les premiers missels notés, livres qui contiennent les trois principaux composants de la messe, chants, prières et leçons, apparaissent dès le Xe siècle et deviennent communs à partir du XIIe siècle. Dans les missels de la fin du Moyen-Âge sont associés le graduel, qui contient les chants de la messe (introït, graduel, trait, offertoire, communion, alléluia), le sacramentaire (prières de la messe), l'épistolaire et l'évangéliaire (pour les lectures de l'épître et de l'évangile). Les bréviaires, importants pour connaître les liturgies locales, donnent souvent les leçons abrégées.

Graduels et antiphonaires

Les graduels contiennent les chants du propre de la messe et comportent le plus souvent des notations musicales. Le mot graduel pourrait faire référence aux offices du jour (*gradalis*) ou bien aux répons chantés depuis les marches de l'autel (*gradus*).

Les plus anciens graduels avec notation musicale datent de la fin du IXe siècle. Les premiers graduels aquitains datent du début du Xe siècle. Les premiers graduels notés rendent compte d'un répertoire déjà stabilisé, les différences étant dans les choix des alléluias pour Pâques et la Pentecôte, le choix des versets de psaumes pour l'introït et l'offertoire ainsi que le choix des chants pour les fêtes des saints. D'autres différences touchent aux interférences entre le temporal et le sanctoral. Dans les livres tardifs, les fêtes pour les saints figurent dans une section à part. Pendant le haut Moyen-Âge, ils peuvent être insérés avec le temporal (par exemple les saints de la période de Noël). Certains graduels contiennent aussi des chants processionnaux qui pouvaient faire partie de la liturgie de la messe. Les graduels peuvent aussi comprendre des tropes, soit englobés dans la messe soit copiés à part (tropaires). Sous le titre de Graduel romain, les moines de Solesmes ont recensé 750 sources. Des « familles » apparaissent : sources allemandes cohérentes, sources divergentes pour la France et l'Italie.

Les antiphonaires[36] qui contiennent tous les chants de l'office (antiennes et répons) pour le temporal et le sanctoral présentent des principes d'analogies :

---

[36] Voir Laszlo Dobszay, Proszeky Gabor, *Corpus antiphonalium officii ecclesiarum centralis Europae*, Budapest, Institute of Musicology, 1988.

livres appartenant à la même église ou au même diocèse, livres correspondant à un mouvement de réforme monastique, livres destinés à des ordres religieux etc. L'économie interne de ces recueils varie beaucoup. Les hymnaires sont souvent associés aux psautiers, ces hymnes étant chantés à l'office.

Psautiers, hymnaires, lectionnaires

Dans les psautiers, qu'ils soient romains, gallicans ou hébreux (Vulgate), les psaumes peuvent être laissés dans leur ordre ou bien copiés et arrangés pour suivre l'ordre des offices. L'arrangement change selon sa destination séculière ou régulière (monastique). Beaucoup de psautiers contiennent aussi les cantiques chantés aux mêmes offices ; les plus complets donnent ainsi les antiennes qui accompagnent les psaumes, les invitatoires et parfois le début des hymnes. Ils rassemblent donc la totalité des chants de l'office hebdomadaire.

Séquentiaires, tropaires, kyriales

Les premiers tropaires datent du début du Xe siècle comme le manuscrit Latin 1240 (séquences et tropes de Limoges)[37]. Dans ces livres, les séquences, tropes et chants de l'ordinaire de la messe étaient souvent copiés à part. Ils peuvent être associés à des recueils de versets pour l'offertoire, des alléluias, des chants processionnaux et être reliés avec des drames liturgiques. Séquentiaires et kyriales sont plus rares. L'un des principaux tropaires-prosaires donnant un corpus complet pour l'année liturgique est celui de l'abbaye de Moissac[38].

Cette terminologie se révèle parfois inadéquate dans la mesure où un tropaire peut contenir des matériaux très divers en plus des tropes. Les « accidents » de transmission de ces manuscrits peuvent aussi fausser la perspective : on connaît le cas des manuscrits de Saint-Martial-de-Limoges dont les cahiers ont été reliés arbitrairement.

Les processionnaux[39] ont fait l'objet d'un recensement par Michel Huglo. Les 1351 manuscrits cités ne représentent qu'une faible partie des livres qui ont dû servir à l'usage des cathédrales et des ordres monastiques. Michel Huglo a regroupé les processionnaux en neuf classes correspondant à leur ordonnancement, le processionnal dominicain (après 1254) étant le plus représenté avec 226 exemplaires.

Si l'on considère non plus ces différents types de livres liturgiques d'après leur fonction mais que l'on s'attache aux centres de production, il est indispensable de rappeler l'importance du corpus de manuscrits provenant de Saint-Martial-de-Limoges dont une vingtaine de manuscrits qui transmettent

---

37 Heinrich Husman, *Tropen und Sequenzenhandschriften*, Munich, Duisbourg, Henle, 1964 (Répertoire international des sources musicales, B V 1). **38** *Tropaire séquentiaire prosaire prosulaire de Moissac (troisième quart du XIe siècle), Manuscrit Paris, Bibliothèque nationale de France, N. a. l. 1871*, édition, introduction et index par Marie-Noël Colette, analyse de l'écriture et de la décoration par Marie-Thérèse Gousset, Paris, Société française de musicologie, 2005. **39** Michel Huglo, *Les Manuscrits du processionnal* : vol. I, *Autriche-Espagne* ; vol. II, *France-Afrique du Sud*, Munich, Henle, 1999 (Répertoire international des sources musicales, série B XIV 1-2).

un important corpus de chants liturgiques. Ils furent achetés en 1730 pour la Bibliothèque royale par l'abbé Bignon[40].

À la frontière de la théorie et de la pratique : les tonaires ou comment mémoriser les mélodies grégoriennes[41]

« Les tonaires constituent le premier témoignage d'une réflexion théorique sur le matériau musical, rendue nécessaire par souci de classement d'un corpus de mélodies devenu considérable. Il s'agit en effet de catalogues regroupant les antiennes selon le ton psalmodique des versets auxquels elles sont associées[42]. »

L'un des exemples les plus connus est le manuscrit Latin 1118, un tropaire et séquentiaire associé à un tonaire illustré qui a été attribué à la région d'Auch en raison de la présence de tropes d'introït où Orens, évêque d'Auch, est appelé « patronus[43] »★. Faisant suite aux tropes, ce tonaire aurait servi d'aide-mémoire pour la récitation chantée des psaumes ou pour retrouver le ton correct pour une antienne ou un répons. La notation en neumes aquitains de la première époque daterait de 990. Les dessins plus tardifs auraient été exécutés par un atelier espagnol (*scriptoria* de la Rioja ou de la Marcha hispanica). Outre des prosules et des mélodies de séquences, le manuscrit contient les formules d'intonation des antiennes de la messe (introït et communion) puis les grands répons des nocturnes des offices de nuit (*Ecce apparebit Dominus*, *Vidi Dominum*, etc.). Figurent à la fin les mélodies les plus simples qui servent de refrain à la psalmodie de l'office : avec l'aide du tonaire, le chantre peut retrouver facilement le formulaire musical de l'antienne ou du répons auquel doit correspondre le psaume de l'office.

★ ill. 10, p. 42

Dans ce tonaire, la découpe en huit sections correspondant aux huit modes (auxquels on a attribué des affects différents) et aux groupes de psaumes obéit à un classement par ton et non selon un ordre liturgique. Victor Leroquais a lui aussi relevé, dans les psautiers divisés en huit sections correspondant aux divisions de l'office férial, une décoration mettant en valeur le premier psaume de chaque section[44]. Des analogies peuvent être suggérées avec ce tonaire où sont consignés des antiennes et répons.

Chacune des vignettes illustre l'un des huit modes, quatre authentes, quatre plagaux identifiés par leur note finale et dont la dénomination provient de la théorie byzantine. Le début de chaque ton d'église est signalé par un

---

40 Jacques Chailley, *L'École musicale de Saint-Martial de Limoges jusqu'à la fin du XIe siècle*, Paris, Les livres essentiels, 1960. **41** Michel Huglo, *Les Tonaires : inventaire, analyses, comparaison*, Paris, Société française de musicologie, 1971. **42** Annie Coeurdevey, *Histoire du langage musical occidental*, PUF, coll. « Que sais-je ? », 1998, p. 10. **43** Manuscrit H de Jacques Chailley, *L'École musicale de Saint-Martial de Limoges*, *op. cit.* Voir Nicole Sevestre, « Quelques documents d'iconographie musicale médiévale : l'image et l'école autour de l'an mil », dans *Imago musicae*, IV, 1987, p. 23-34. Ce manuscrit a été étudié par Danielle Gaborit-Chopin pour l'illustration et par Tilman Seebass pour l'association musique, texte, image. Voir aussi D. Hiley, *Western Plainchant: a Handbook*, Oxford, Clarendon Press, p. 316 et fac-sim. de la page dans Bruno Stäblein, *Schriftbild der einstimmigen Musik*, p. 148-149. **44** Victor Leroquais, *Les Psautiers manuscrits latins des bibliothèques publiques de France*, Mâcon, 1942, I, p. XL. Soit les psaumes I, XXVI, XXXVIII, LII, LXVIII, LXXX, XCVII, CIX.

personnage musicien dont le caractère s'accorde au caractère du ton ou éventuellement aux thèmes évoqués dans les psautiers qui suivent une division en huit correspondant aux huit parties de l'office férial.

Chaque mode ou ton d'église est illustré par la mélodie du *Gloria Patri et filio* chantée à la fin de l'introït de la messe. Les syllabes *None noeane* aident à la récitation des mélodies en vue de leur mémorisation.

Le premier mode, *authentus protus auctoritas prima*, est précédé par une représentation du roi David – le père de la musique – tenant un instrument à trois cordes avec un archet courbe proche du «crwth» gallois. Le mode II, *deuterus mi*, qui correspondrait au psaume XXVI est illustré par un joueur soufflant dans une trompette. Pour le mode III, *tritus fa*, un chevalier armé d'une épée tient une sorte de flûte de Pan à sept tuyaux. Au mode IV, *tetrachius sol*, est associé un couple d'histrions : un jongleur et un joueur d'instrument à anche simple qui porte une épée.

Pour les modes plagaux (V à VIII), on retrouve parfois une correspondance possible entre le ton, l'image et le psaume qui serait associé à la section. Pour le ton V, le personnage orant lève les deux bras (psaume LXVIII)[45]. Devant le ton VI, le joueur de psaltérion peut évoquer le verset III du psaume LXXX : *sumite psalmum et date tympanum/psalterium iucundum cum cithara*. Le ton VII est illustré par un joueur de cor (psaume XCVII, versets V-VI : *psallite Domino in cithara... in tubis ductilibus et voce tubae corneae...*). Enfin, au début du ton VIII, figurent deux jongleurs associés l'un à un joueur d'instrument à anche simple et l'autre à un joueur d'instrument à anche double. Une danseuse qui élève vers le ciel un couple de nacaires ou de cloches reliées par une chaîne les accompagne.

Les livres de musique, mémoire de la poésie lyrique

Un chansonnier (terme qui existe déjà au Moyen-Âge) désigne un recueil de compositions poético-musicales, généralement de caractère profane, de différents auteurs. Les plus anciens contenant des chansons notées sont bien postérieurs aux premiers manuscrits liturgiques.

Les premiers chansonniers du XIe au XIIIe siècle transmettent sous forme de corpus organisés les chansons monodiques des troubadours et des trouvères. Aux XIVe et XVe siècles, la présentation des chansonniers s'adaptera à la transmission des chansons polyphoniques avant l'apparition de l'imprimerie.

Ces chansonniers fameux dans lesquels a été recueilli l'essentiel du répertoire des troubadours et des trouvères, peuvent légitimement être appelés «livres de musique» car la notation musicale devient ici l'un des caractères majeurs du manuscrit. Elle conditionne souvent la mise en page et occupe une part importante de l'espace.

La présentation consécutive du texte et de la musique à une voix et la mise en page le plus souvent sur deux colonnes permettent l'accumulation d'un grand

---

45 Versets II-IV : *Salvum me fac Deus quoniam intraverunt aquae.../Infixus sum in limum profundi.*

nombre de pièces. L'ordonnancement répond souvent à une logique précise confirmée par la présence de tables des matières soigneusement transcrites et placées en tête et donnant l'ordre alphabétique des chansons. Le Français 844, provenant des collections du cardinal Mazarin et datant du XIIIe siècle, contient 464 compositions de trouvères dont 417 avec musique et 67 de troubadours dont 51 avec musique. Parmi les noms des trouvères cités figurent les plus illustres comme Guillaume li Vinier, Gace Brulé et Thibaut de Navarre et parmi les troubadours : Bernard de Ventadorn, Peire Vidal et Gaucelm Faidit. Aux XIVe et XVe siècles ont été ajoutés sur des feuillets non utilisés vingt-sept chansons sur des textes français et provençaux, cinq pièces sur texte latin, quarante motets à 2 et 3 voix, et onze danses instrumentales dont huit estampies royales. Le Français 845 contient 337 chansons de trouvères dont de nombreuses pièces de Thibaut de Navarre et de Blondel. Le chansonnier Cangé (Français 846) provenant aussi de la bibliothèque de Mazarin présente la particularité d'utiliser une notation mensurale qui donne des indications pour le rythme ; s'y trouvent 351 chansons de trouvères dont 335 avec musique dont 64 attribuées à Thibaut de Navarre. L'organisation du manuscrit obéit à une présentation hiérarchique des auteurs, les princes et nobles figurant en tête. Le Français 847 contient des pièces de Gace Brulé et surtout d'Adam de La Halle. Le Français 20050, dit de Saint-Germain-des-Prés, datant de la seconde moitié du XIIIe siècle, transmet 305 pièces françaises dont 93 avec musique et 29 sur un texte en provençal dont 24 avec musique. Le Français 12615, dit chansonnier de Noailles, offre 481 pièces, dont 358 avec musique, certaines étant des pièces d'Adam de La Halle et de Gillebert de Berneville. Le chansonnier Clairambault (Nouvelles acquisitions françaises 1050) contient 455 pièces avec mélodies, le chansonnier de l'Arsenal, 500 pièces. Enfin le Français 22543, dit chansonnier d'Urfé ou chansonnier La Vallière, qui représente la principale source de la lyrique des troubadours*, contient 1 165 pièces dont 160 avec mélodies parmi lesquelles 48 pièces de Guiraut Riquier, 13 de Bernard de Ventadorn, 22 de Raimon de Miraval. Ont été identifiés un copiste pour les textes et six copistes pour la musique.

* ill. 4, ci-dessous, et ill. 11, p. 43

4 Chansonnier La Vallière. Manuscrit, vers 1300. BNF, Manuscrits, Français 22543, f. 57 v°. Détail de la partie supérieure gauche (avec le nom de B. de Ventadorn). Pour l'économie générale de la page, voir ill. 11, p. 43.

La polyphonie et les premiers « livres de musique »

L'apparition de la polyphonie sacrée va faire évoluer la présentation de la page et imposer une relation différente entre le texte et la musique, voire l'illustration, et par conséquent modifier le travail des copistes. Les premières polyphonies sont notées en neumes ou cachées.

On sait que les grands manuscrits de l'école Notre-Dame qui contiennent les premiers *organa* à deux et trois voix ne sont pas conservés à Paris. L'actuelle publication du *Magnus Liber organi*[46] repose principalement sur le manuscrit de Wolfenbüttel et sur un manuscrit de Florence.

Les « livres d'auteur »

Parmi les manuscrits qui méritent, plusieurs décennies avant les grands manuscrits de Guillaume de Machaut, le qualificatif de « livre d'auteur », figure au tout premier rang le Français 146, qui nous transmet le *Roman de Fauvel*[47], extraordinaire témoin de l'histoire, de la société et de la vie culturelle au temps des règnes de Philippe IV le Bel (1285-1314) et de ses fils Louis X le Hutin (1315-1316) et Philippe V le Long (1317-1322). Ce manuscrit luxueusement préparé et initialement conçu pour contenir la copie du texte satirique de Gervais Du Bus, *Le Roman de Fauvel*, présente à la fois texte, musique, pamphlets politiques et chronique. Le premier livre du roman aurait été terminé en 1310, le second en 1314. Gervais Du Bus, notaire à la cour, aurait écrit le second livre, peut-être le premier. Le texte est riche en allusions aux circonstances politiques contemporaines, à la papauté en Avignon ou au procès des Templiers. Le héros Fauvel est un cheval qui incarne hypocrisie et méchanceté (*faus veil* : voile de fausseté). Les lettres de son nom symbolisent ses « qualités » : F pour *flaterie*, A pour avarice, U/V pour *vilanie*, V, variété, E, envie, L, lâcheté, sa couleur fauve étant elle-même symbole de vanité. La Fortune a placé Fauvel sur un trône de seigneur. Les humains sont devenus ses obligés, quelle que soit leur position sociale, laïcs pauvres ou riches, bourgeois, clercs et prélats et même le souverain et le pape. Le fonctionnement de la société en est bouleversé : l'Église obéit au pouvoir temporel, la population est opprimée par les taxes. Le second volume qui conte le mariage de Fauvel commence par une description de sa cour remplie de figures négatives comme Charnalité, Orgueil et Faux Semblant. Au sommet de la gloire, Fauvel veut assurer son avenir en épousant la Fortune. Celle-ci rejette Fauvel et lui donne pour épouse Vaine Gloire. De leur union naissent de multiples « fauveaux nouveaux » qui vont infester « le jardin de douce France ».

---

[46] *Le* Magnus Liber Organi *de Notre-Dame de Paris* publié en 7 volumes sous la direction d'Edward H. Roesner, Monaco, Éd. de l'Oiseau-Lyre, 1993-. [47] Voir la préface d'Edward Roesner pour *Le Roman de Fauvel in the edition of Messire Chaillou de Pestain : a reproduction in facsimile of the complete manuscript Paris, Bibliothèque nationale, fonds français 146*, New York, Broude Brothers, 1990 et, de Margaret Bent et Andrew Wathey, *Fauvel Studies. Allegory, Chronicle, Music and Image in Paris Bibliothèque nationale de France, Ms français 146*, Oxford, Clarendon Press, 1998. La plus ancienne mention du manuscrit dans les collections royales date de 1622 (inventaire de Nicolas Rigault).

Le texte subsiste dans une douzaine de manuscrits. Le Français 146 est chronologiquement la première copie mais dans une version très différente interpolée par Chaillou de Pestain, qui a ajouté trente lignes au livre I et près de trois mille au livre II. Certains passages décrivant le mariage et la chambre de la mariée sont empruntés au *Roman du comte d'Anjou* de Jehan Maillart, aussi notaire du roi. Les ajouts de Chaillou de Pestain adoucissent la critique de la royauté et introduisent certains épisodes comme celui du charivari (*psychomachia*) du livre II, prétexte à une illustration musicale célèbre. Sont aussi attribués à Chaillou les ajouts musicaux, au nombre de 169 interpolations musicales insérées soit dans le texte de Gervais Du Bus soit dans celui de Chaillou qui font de ce manuscrit l'anthologie musicale la plus importante du début du XIVe siècle. Ces pièces correspondent au répertoire d'un musicien à la fin du XIIIe et au début du XIVe siècle. Elles appartiennent à des genres très différents : plain-chant, pièces polyphoniques apparentées au style de l'école Notre-Dame et pièces correspondant au style de l'Ars nova qui est en train de se développer. Parmi les trente-quatre pièces polyphoniques qui appartiennent au genre du motet, dont six motets de Philippe de Vitry (1291-1361) sur les seize qui lui ont été attribués[48], quelques-unes ont dû être composées pour le manuscrit. Certaines font allusion à des événements précis : l'assassinat de Henri VII, en 1313, et le couronnement de Philippe V, en 1317. L'ensemble des 77 illustrations représente également un corpus unique auquel il faut ajouter de nombreuses initiales ornées. Le manuscrit contient aussi « Plusieurs dits de mestre Geffroi de Paris », six textes en latin et deux en français qui se réfèrent à des événements politiques des années 1314-1315 et 1317-1318, trente-quatre « Balades et rondeaux » de Jehannot de Lescurel en forme fixe et avec leur notation musicale et enfin une « Chronique métrique », qui rend compte en vers des événements en France, entre 1300 et 1316. On a reconnu l'intervention de sept mains de copistes.

Les charivaris font partie des interpolations de Chaillou de Pestain. Cette procession de masques qui célèbrent Fauvel et Vaine Gloire pendant leur nuit de noces peut être considérée comme l'image inversée et grotesque du grand banquet de mariage. Le texte, qui représente la plus ancienne description de charivari avant qu'il ne soit condamné par l'église, ne comprend que quatre-vingt-dix lignes mais il est riche de détails et « mis en images » par quatre grandes miniatures et treize pièces lyriques, douze chansons monodiques et un lai, le « lai des Hellequines ». Ce qui est original c'est la forte interdépendance entre le texte, l'illustration et la musique. Le texte cite quatorze instruments et outils à faire du bruit (cloches de vaches, tambours, mortiers) que l'on retrouve fidèlement dans la première image (f. 34 r°)*. En effet, treize personnages qui, contrairement au reste du manuscrit ne sont pas des figures allégoriques mais des humains déguisés, tiennent cinq tambours, deux cloches, un pot et un crochet. Le seul instrument figurant sur l'image et non dans le texte est une vielle.

* ill. 12, p. 44

---

48 *Vos pastores adulteri*, *Heu Fortuna subdola* sur l'exécution d'Enguerrand de Marigny en 1315, *Quoniam secta latronum*, *Adesto sancta Trinitas*, *In nova fert*, *Florens vigor*.

Les « sotes chansons » qui accompagnent ces images appartiennent au genre de la « fatrasie », une strophe de onze lignes qui joue avec les images absurdes.

Un des traits les plus frappants de la notation musicale dans le manuscrit est la présence du *punctus divisionis* pour marquer des groupes de semi-brèves équivalentes à une brève ou *tempus*, utilisé dans les pièces polyphoniques et dans les chansons de Jehannot de Lescurel. Ce manuscrit représente ainsi le premier témoignage essentiel de la notation nouvelle de l'Ars nova, contemporain de Philippe de Vitry et de Jean de Murs. La notation franconienne comporte des modifications inspirées par la doctrine de Francon et tenant compte de l'évolution de la notation du rythme. On est au moment des discussions sur le *modus perfectus et imperfectus*. On retrouve seulement deux signes de mensuration mais le copiste fait aussi usage de la notation colorée en rouge pour signaler un changement de mesure triple vers une mesure double[49]. Cette notation voisine avec des notations plus traditionnelles comme celle du répertoire du plain-chant en notation carrée.

Les cinq grands manuscrits conservés au département des Manuscrits et contenant l'œuvre de Guillaume de Machaut (1300-1377)[50], le poète-musicien, font aussi figure de « livres d'auteurs ». Cette impression est confortée par la présence au début du Français 1586 de la belle image méditative du poète amoureux qui illustre le thème « Comment l'amant fait une ballade » avec les vers « Dame de qui toute ma joie vient / Je ne vous puis trop aimer ni cherir ». D'autres miniatures du même manuscrit sont consacrées à des scènes qui donnent de précieux indices sur certains aspects de la pratique musicale comme celle illustrant une danse, la carole. Pourtant, le Fr. 1586 est le moins complet du point de vue de la transmission des sources musicales★ ; sur les 226 feuillets, seuls les feuillets 148-225 contiennent de la musique soit dix-neuf motets, vingt-quatre ballades, neuf rondeaux, vingt-huit virelais et quinze lais[51]. Un motet (par exemple le numéro 9 : *Fera pessima / O livoris feritas fons totius*) peut superposer trois différents textes issus de la liturgie (en l'espèce un extrait en latin du répons du troisième dimanche de Carême) et en langue vernaculaire (le *triplum* commence par « Source de toute arrogance, Lucifer, et de toute fourberie »).

★ ill. 13, p. 45

La Bibliothèque nationale de France possède également d'importants chansonniers polyphoniques du XVe siècle comme le chansonnier Pixérécourt (Français 15123), qui a appartenu au librettiste Charles-René de Pixérécourt ; il contient 170 pièces à 3 et 4 voix dont 144 chansons, 69 sur des textes italiens,

---

49 F. 44 v°, Philippe de Vitry, *In nova fert* et *Quomodo cantabimus*, f. 32 r°. **50** Français 1584 (A), Français 1585 (B), Français 1586 (C), Français 9221 (E) et Français 22545-6 (F-G). B est une copie du ms. Vogüé conservé à New York qui serait le premier recueil. A contient quelques pièces en plus. Le Français 9221 provient de Jean de Berry. On trouvera les tables détaillées de ces manuscrits dans Gilbert Reaney, *Manuscripts of polyphonic music : 11th-early 14th century*, Munich, Duisbourg, G. Henle, cop. 1966 (Répertoire international des sources musicales, B IV, 1.) **51** Voir Guillaume de Machaut, *Complete Works*, éd. Leo Schrade, Monaco, Éd. l'Oiseau-Lyre, 1957.

trois sur des textes espagnols et une sur un texte flamand. Les principaux compositeurs de l'époque comme Busnois et Ockeghem y sont représentés.

Le chansonnier Nivelle de La Chaussée, qui fit partie de la collection de Geneviève Thibault de Chambure, contient 67 chansons de Busnois, Ockeghem, Dufay, Jean Fede, Morton, Molinet, Fresneau. Provenant de la région de Bourges[52], le manuscrit a pu être préparé dans l'entourage royal au moment où la cour de Charles VII y séjournait, au cours des années 1435-1450*.

* ill. 5
* ill. 4, p. 46-47

Le chansonnier de Jean de Montchenu[53]* ou chansonnier cordiforme, rédigé en Savoie vers 1470 pour Jean de Montchenu, vicaire apostolique auprès du duc Louis de Savoie[54], contient quarante-quatre chansons polyphoniques dont douze chansons italiennes, trente sur des textes français et une chanson espagnole. D'une facture très soignée, alliant avec bonheur poèmes, musique et décor, il a été réalisé par un seul copiste. Lorsque le manuscrit est ouvert, il se présente sous la forme de deux cœurs accolés, idée qui pourrait avoir été inspirée par un passage du *Champion des dames* de Martin Le Franc, familier de la cour de Savoie, comme Jean de Montchenu[55]. Cette forme situe ce manuscrit dans le contexte de la poésie courtoise, remarquablement mise en exergue dans les deux grandes miniatures que l'on trouve en tête du manuscrit, accompagnées de vers explicites. Les chansons qu'il contient se trouvent dans de nombreux autres manuscrits comme *O rosa bella*, de Dunstable, ou *Ma bouche rit*, d'Ockeghem.

C'est d'Italie que provient une évolution que l'on pourrait définir comme la « personnalisation » du livre de musique. En effet, les raisons pour lesquelles on fabrique un livre de musique commencent à changer radicalement à la fin du XVe siècle. L'un des plus célèbres manuscrits italiens du Quattrocento, dit codex Squarcialuppi (Florence, bibliothèque Laurentienne, Palatino 87) daté des années 1430-1440, porte le nom de son ancien possesseur, l'organiste de Laurent de Médicis et de l'église Santa Maria del Fior, Antonio Bartolomeo Squarcialuppi. Ce manuscrit sur parchemin présente une compilation tardive de caractère historique qui réunit toute la production de l'Ars nova par ordre chronologique avec le portrait des auteurs en tête des œuvres[56].

Ces recueils d'un nouveau genre peuvent aussi être constitués pour un interprète. Les corpus qui mêlent pièces profanes et religieuses contiennent des allusions multiples à un milieu précis, à la cour d'un prince ou d'un mécène. On sait que princes et chanoines s'attachent des copistes. Nanie Bridgman[57] cite un contrat d'engagement de 1504 entre le chapitre de la cathédrale de

---

52 *Chansonnier Nivelle de La Chaussée, ca 1460. Fac-similé du manuscrit de la Bibliothèque nationale, Paris, Rés. Vmc. ms. 57*, introduction de Paula Higgins, Genève, Minkoff, 1984. **53** Rothschild 2973. Il provient de la bibliothèque du baron Henri de Rothschild. **54** *Chansonnier de Jean de Montchenu (Bibliothèque nationale, Rothschild 2973 [I.5.13])*, éd. de G. Thibault, commentaires de David Fallows, Paris, Société française de musicologie, 1991. **55** Voir *op. cit.*, p. XXII, les remarques de Jean Porcher. **56** Nanie Bridgman, *La vie musicale au Quattrocento et jusqu'à la naissance du madrigal (1400-1530)*, Paris, Gallimard, 1964, p. 183-184. **57** Nanie Bridgman, *La vie musicale au Quattrocento...*, « Les sources de la musique italienne », p. 182. Dans ce chapitre, l'auteur présente une synthèse sur les principaux recueils de musique italienne connus.

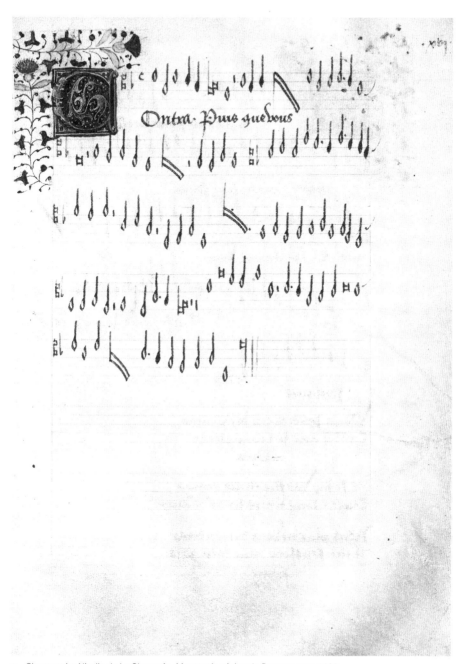

5   Chansonnier Nivelle de La Chaussée. Manuscrit, région de Bourges, vers 1430.
    BNF, Musique Rés. Vmc. ms. 57, f. 15 v°-16.
    Provenance : collection Geneviève Thibault de Chambure.
    Guillaume Dufay : « Puisque vous estez campieur ». Les parties sont notées en regard.

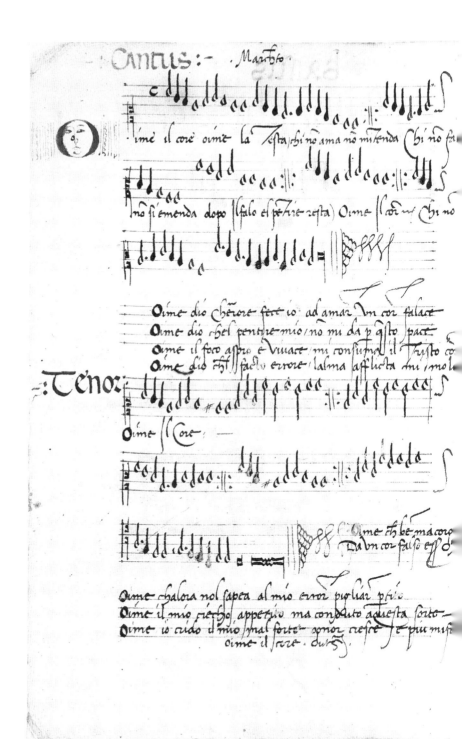

6 Recueil de chansons constitué par Lodovico Milliare. Manuscrit italien, 1502.
   BNF, Musique, Rés. Vm7 676.

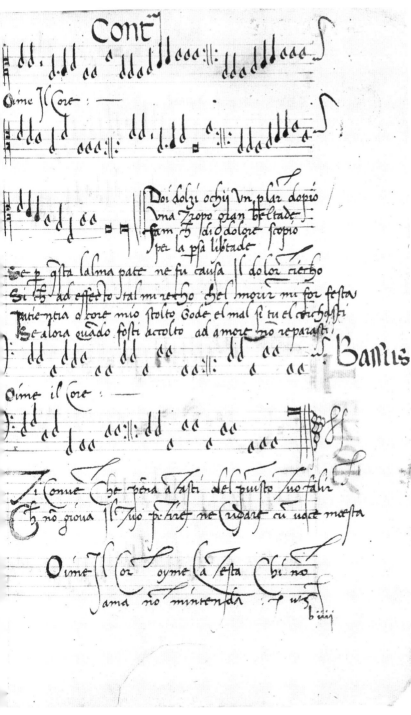

En haut, le nom de l'auteur : « Marchtus » (Marchetus de Padoue ?). Les quatre parties (« cantus », « tenor », « contratenor », « bassus ») de cette chanson polyphonique sont notées en regard sur les deux pages en vis-à-vis.

Trévise et un copiste prévoyant le nombre de pièces qui viendront chaque année enrichir le répertoire de la chapelle : quatre messes, six magnificat et huit motets. Ils resteront propriété de la chapelle mais le chapitre fournit le papier, l'encre et paye les dépenses de réglure. À Modène un chanteur est aussi « miniatore de' libri di canto[58] ».

* ill. 6

Le manuscrit Rés. Vm7 676 (BNF, Musique)* a été copié du 4 au 26 octobre 1502, probablement à Mantoue ou à Ferrare, pour un jeune chanteur Lodovico Milliare. Il s'agit d'un répertoire d'usage courant qui mélange le religieux (les laudes représentatives de la piété populaire) et le profane. Il contient quelques chansons françaises et surtout des *laudi* et *frottole* italiennes dont dix *strambotti* d'Aquilano. Certaines chansons font des allusions directes à la cour du duc de Ferrare et à son entourage. Un chant de louange, *O triumphale dialante*, rappelle le cri de guerre du duc : *Diamante! diamante!* (*Palle! palle!* pour les Médicis, en allusion à leur blason avec des balles). *Turcho turcho et Isabella* désigne un membre de la famille de Gonzague et rappelle qu'elle a affronté les Turcs. *A la cazza a la cazza* évoque une scène de chasse. *A la pesca ognhomo* fait revivre une scène de pêche en trois parties : départ au son des trompettes, on cargue les filets, on fouille les rochers du lac avec des bâtons, on rapporte le fruit de la pêche à l'évêque. Une chanson décrit le métier de cuisinier, une autre narre le testament de l'âne : *Rusticus ut asinum suum vidit mortuum*.

Cette diversification des livres de musique, de leur objet, de leur contenu va être amplifiée par l'édition. Dans un premier temps, celle-ci reproduit les modes de présentation habituels des manuscrits et conserve dans une certaine mesure certains aspects de leur décoration.

Les débuts de l'édition musicale

Avant qu'apparaisse à Venise en 1501 le premier livre de musique, la présence de musique est attestée depuis de nombreuses années dans les livres liturgiques. Le premier exemple connu se trouve dans le Graduel de Constance de 1473 et le second – daté de 1476 – dans l'élégant missel romain publié par Ulrich Han à Rome. Dans le premier, sur une portée de 5 lignes rouges et noires, le plainchant est ajouté en notation gothique par un procédé de double impression, les initiales étant ajoutées à la main, méthode qui sera utilisée jusqu'au XVIIIe siècle pour les livres liturgiques. De nombreux exemples musicaux figuraient aussi dans des traités sous forme de gravures sur bois insérées dans le texte. Le premier exemple de notation proportionnelle imprimée à partir d'un caractère de fonte, mais sans portée (elle devait être ajoutée à la main), se trouve dans une édition vénitienne de 1480 de la *Grammatica* de Franciscus Niger[59].

La caractéristique la plus frappante de ces premières éditions est certainement le format oblong dans lequel chaque page est plus large que haute, un trait

---

58 Nanie Bridgman, *La vie musicale au Quattrocento...*, Paris, Gallimard, 1964, p. 182. **59** A. Hyatt King, *Four hundred years of music printing*, Londres, The British Library, 1979.

spécifique aux livres de musique que l'on retrouvera en usage jusqu'au XXe siècle. Il permet de concentrer habilement la totalité d'une pièce sur deux pages en regard : d'un seul coup d'œil, le musicien peut lire les différentes voix d'une pièce polyphonique. Le fait de présenter les parties sur deux pages en regard existait déjà dans les chansonniers (voir par exemple le chansonnier Nivelle de La Chaussée qui présente le format d'un petit in-quarto vertical) mais l'impression prenant davantage de place que l'écriture manuscrite, le format oblong permet de conserver cette forme de cohérence de la lecture. Dans ses recueils, Petrucci conserve aussi un usage qui vient du manuscrit, celui de mettre en évidence le début d'une pièce grâce à une lettre ornée remarquable par sa forme ornementale, usage qui se prolongera jusqu'à la fin du XVIIe siècle, aussi bien dans l'édition que dans les manuscrits, en particulier dans les recueils de cantates italiennes. La place de cette lettre est réservée grâce au retrait des premières portées par rapport à la marge. Au livre imprimé, le livre de musique emprunte aussi l'usage de la page de titre et, du moins pour les premières éditions, du colophon et de la marque d'imprimeur.

Ottaviano Petrucci[60], né à Fossombrone, protégé par Guidobaldo Ier duc d'Urbino, où il assiste aux premiers essais de l'imprimerie, s'installe à Venise vers 1490. En mai 1498, il obtient de la seigneurie un privilège exclusif pour imprimer de la musique avec les caractères mobiles dont il est l'inventeur. L'impression se fait en trois temps : les portées, les notes puis le texte avec les initiales et la pagination.

Sur une période de 22 ans (à Venise jusqu'en 1509 puis à Fossombrone, de 1511 à 1523), Petrucci publie cinquante-neuf volumes. L'*Odhecaton* avec les *Canti B* et les *Canti C* forme un premier chansonnier qui diffuse le répertoire des compositeurs de l'école franco-flamande[61]*. Petrucci publie aussi des recueils de messes de Josquin des Prés, Brumel, Ghiselin, Pierre de La Rue, Agricola ainsi que, à partir de 1504, de la musique profane italienne : onze livres de *frottole* de 1504 à 1511 puis, en 1509-1510, des livres pour une voix et luth.

* ill. 7

À Rome, en 1510, Andrea Antico sort son premier volume *Canzoni nove con alcune scelte de varii libri di canto*. En 1517, il publie la première tablature italienne d'orgue. Son procédé est différent de celui de Petrucci : il grave les portées et les notes sur un bloc de bois puis compose le texte en typographie[62] ; il opte aussi pour un format plus petit.

---

60 Nanie Bridgman, *op. cit.*, p. 192-195. Claudio Sartori, *Bibliografia delle opere musicale stampate da Ottaviano Petrucci*, Florence, 1948 et Stanley Boorman, *Ottaviano Petrucci, a catalogue raisonné*, New York, Oxford University Press, 2005. **61** La Bibliothèque nationale de France ne possède pas les trois premières éditions de Petrucci mais conserve les *Motetti De passione De cruce De sacramento De beata virgine et huius modi. B* (10 mai 1503), les rééditions de *Harmonice Musices Odhecaton, Canti B numero cinquanta* (4 aug. 1503, réédition de 1502), *A* (25 mai 1504, réédition de 1501) et la première édition des *Canti C. N^o cento cinquanta* (10 feb. 1503) (Fonds du Conservatoire, Rés. 538-539-540) acquis en 1879 et provenant d'Espagne. Voir J.-B. Weckerlin, *Bibliothèque du Conservatoire national de musique et de déclamation. Catalogue bibliographique*, Paris, Firmin-Didot, 1885, p. xxviii. **62** Laurent Guillo, *Les Éditions musicales de la Renaissance lyonnaise*. Paris, Klincksieck, 1991, p. 35.

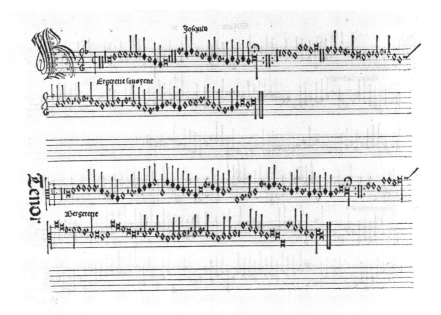

7 Ottaviano Petrucci, éd. *Harmonice musices Odhecaton A*, Venise, O. Petrucci, 25 mai 1504.
BNF, Musique, Rés. 538, f. 12 v°.
(RISM, Recueils collectifs 1504 ². Réédition du recueil de 1501, première impression musicale.)
L'un des premiers recueils complets de musique publiés à Venise. Les parties de la chanson de
Josquin des Prez « Bergerette savoyenne » sont imprimées en regard sur deux pages en vis-à-vis.
La technique d'impression ne permet pas de placer les paroles sous les notes.

La première impression musicale réalisée en France est lyonnaise. L'imprimeur Antoine du Ry suit le procédé mis au point par Andrea Antico. Cette édition de 1525[63] présente les motets à 4 et 5 parties du Florentin exilé à Lyon, Francisco Layolle (1492-vers 1540), édités sous forme de parties séparées par Jacopo Giunta dont on s'est demandé s'il n'avait pas eu de contacts avec Andrea Antico.

L'édition musicale parisienne apparaît comme le développement un peu tardif d'un phénomène déjà répandu en Italie, à Sienne (1515), Naples (1519), Venise (1523), en Flandres (à Anvers, 1515) et dans les pays germaniques, à Cologne (1519) ou à Leipzig (1533). Elle connaît pourtant un développement très dynamique tout en étant associée à la diffusion de la chanson polyphonique. La première édition de musique de Pierre Attaignant date du 4 avril 1528. Ses *Chansons nouvelles à quatre parties* utilisent très visiblement un

---

[63] Laurent Guillo, *Les Éditions musicales de la Renaissance lyonnaise*, Paris, Klincksieck, 1991, p. 36 et suiv.

8   Étienne Guaynard, éd., *Contrapunctus seu figurata musica super plano cantu missarum solennium totius anni*, Lyon, E. Guaynard, aug. 1528.
BNF, Musique, Rés. Vma. 249.
Provenance : collection Geneviève Thibault de Chambure.
À la partie inférieure : notation carrée pour le plain-chant.

système de caractères mobiles qui associent la portée et chaque note ou signe nécessaire (clé, altération) tout en ménageant un placement satisfaisant du texte sous la musique. Cette édition précède de peu la seconde édition lyonnaise, un recueil des propres de treize messes solennelles mis en musique à quatre voix réunis par le libraire Étienne Guaynard (*Contrapunctus seu figurata musica super plano cantu missarum solennium totius anni*[64]) : l'impression se fait ici en deux temps, d'abord les portées imprimées puis les notes et autres signes gravés sur des blocs de bois★.

* ill. 8

La présentation des collections de chansons polyphoniques est très caractéristique : ces livres de format oblong et très petit (environ 8 cm par 12 cm) ne contenant qu'une vingtaine de pièces – on n'ose parler de format de poche – étaient adaptés aux besoins des chanteurs : chacun d'entre eux tient sa propre partie. Distribuée sur deux pages en regard, écrite sur cinq ou six portées, chaque chanson se lit d'un seul coup d'œil. Le début de la chanson se repère aisément puisque la portée est ici en retrait, ce qui laisse souvent la place à une lettrine ornée : le souvenir des manuscrits n'est guère lointain.

Les principales maisons d'édition parisiennes – Attaignant, Du Chemin (actif de 1519 à 1576) et Michel Fezandat – cessent leur activité à peu près au moment où le luthiste Adrian Le Roy s'associe avec Robert I Ballard. Pendant une cinquantaine d'années, ils produisent environ 350 éditions et doivent une bonne partie de leur succès à la diffusion des livres de chansons de Roland de Lassus. Le privilège royal joint à la charge d'imprimeur du roi pour la musique[65] leur assurait une sorte de monopole qui se prolongera jusqu'au milieu du XVIIe siècle. Cette situation de monopole va de pair avec une pérennisation du riche matériel typographique utilisé par la maison, comme les lettrines, culs-de-lampe, bandeaux, et surtout se consolide grâce au maintien d'un procédé d'impression avec des caractères mobiles qui fera longtemps obstacle à l'innovation que représente la gravure. Déjà employée dès 1586 par l'imprimeur de Rome Simone Verovio dans son recueil de *canzonette* avec tablature de luth et de clavecin intitulé *Diletto spirituale*, elle ne sera introduite en France qu'en 1660.

---

[64] BNF, Musique, Rés. Vma. 249. Exemplaire provenant de la bibliothèque de Geneviève Thibault de Chambure et antérieurement de l'ancienne bibliothèque Wallerstein à Maihingen. Voir Laurent Guillo, *Les éditions musicales de la Renaissance lyonnaise*, Paris, Klincksieck, 1991, p. 42-44 et p. 231-236 pour l'analyse du contenu et du matériel typographique. [65] François Lesure et Geneviève Thibault, Paris, Société française de musicologie, 1955. Le premier privilège date du 14 août 1551.

9 Tropaire provenant de l'abbaye bénédictine de Saint-Évroult. Manuscrit, XIIe siècle.
BNF, Manuscrits, Latin 10508, f. 6.
Notation en neumes français. Le manuscrit a été ligné, les lettres a et e ajoutées
pour les notes *la* et *mi*. D'autres lignes ont été ensuite soulignées en rouge et en vert.

10 Tonaire d'Auch.
BNF, Manuscrits, Latin 1118, f. 104.
Le roi David tenant un crwth figure en tête du premier mode.

11 Chansonnier La Vallière. Manuscrit, vers 1300.
BNF, Manuscrits, Français 22543, f. 57 v°.
L'un des grands chansonniers provenant du duc de La Vallière : ce recueil de la lyrique
des troubadours, dit aussi chansonnier d'Urfé, est entré à la Bibliothèque du roi en 1783.

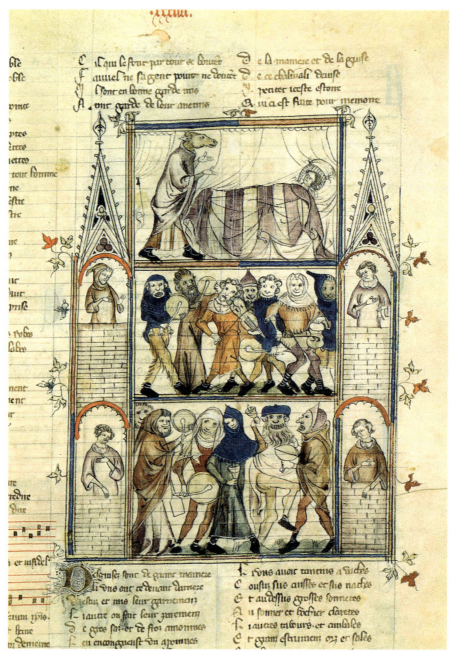

12　Gervais Du Bus, *Le Roman de Fauvel*, interpolé par Chaillou de Pestain. Manuscrit, vers 1330.
BNF, Manuscrits, Français 146, f. 34 r°. Détail.
Représentation d'un charivari : pour fêter le mariage de Fauvel avec Vaine Gloire,
13 personnages déguisés manient divers instruments dont une vielle.

13 Guillaume de Machaut, œuvres. Manuscrit, vers 1400.
BNF, Manuscrits, Français 1586, f. 47 v°.
L'un des cinq grands manuscrits conservés au département des Manuscrits et contenant l'œuvre de Guillaume de Machaut : celui-ci présente 94 pièces avec notation musicale dont 56 polyphoniques.
Ballade « Dame de qui toute ma joie vient », pour 3 voix, extraite du *Remède de fortune*.
L'image du poète musicien illustre ici le thème : « Comment l'amant fait une ballade ».

14 Chansonnier de Jean de Montchenu ou chansonnier cordiforme. Manuscrit, Savoie, vers 1470.
BNF, Manuscrits, Rothschild 2973, f. 3 v°-4.
Manuscrit qui, ouvert, se présente sous la forme de deux cœurs accolés. Les trois voix de « Gentil madona » (dessus, ténor, contre) sont notées en regard.

15 Igor Stravinsky, *Le Sacre du printemps*, cahier d'esquisses. Manuscrit autographe, vers 1910-1913.
BNF, Musique, Ms. 20648, p. 27.
Provenance : collection André Meyer.
Esquisse pour le « Jeu des cités rivales » (p. 45-52 de l'édition Boosey and Hawkes :
les indications d'orchestration sont déjà présentes).

16 André Jolivet, *Deuxième symphonie*. Manuscrit autographe.
BNF, Musique, Ms. 24092.
Ébauche du plan et de l'orchestration.

Les sources de la musique baroque[1]

Lorsque Sébastien de Brossard rédige en 1724 le catalogue de sa collection[2], il l'intitule : « Catalogue des livres de musique theorique et prattique, vocalle et instrumentalle, tant imprimée que manuscripte » et nous invite à considérer le livre de musique aux XVIIe et XVIIIe siècles dans ses multiples acceptions : ouvrages théoriques, partitions musicales (pour la musique pratique), imprimés, manuscrits. Nous nous limiterons cependant à la musique pratique imprimée et manuscrite pour voir quelles sont ses principales spécificités aux XVIIe et XVIIIe siècles.

Le premier phénomène caractéristique est le rôle de diffusion massive joué par l'édition au XVIIe siècle dans les pays germaniques, en Italie, en France et en Angleterre[3]. Au XVIIIe siècle, alors qu'en Italie l'édition décline au profit du manuscrit, mode de diffusion plus adapté à l'opéra italien, un rééquilibrage se fait en faveur des Pays-Bas avec l'activité considérable des éditeurs d'Amsterdam et en faveur de Paris, où les nouvelles formes instrumentales – sonates en trio, concertos, quatuors, symphonies concertantes – sont accueillies et diffusées de façon immédiate et dynamique.

Ce phénomène semble d'autant plus mesurable que nous disposons depuis quelques années d'un instrument de repérage, en l'espèce le Répertoire international des sources musicales, et sa série *Einzeldrucke vor 1800*[4]. Pour la période 1600-1800, ce répertoire donne environ 70 000 éditions différentes actuellement conservées (le nombre d'exemplaires étant bien sûr beaucoup plus important) pour plus de 6 000 compositeurs. Il faut y ajouter les recueils collectifs, catégorie dans laquelle entrent les grandes séries qui constituent l'un des modes de diffusion les plus originaux de l'édition au XVIIe siècle. On peut mesurer son importance en consultant le catalogue de la collection réunie par

---

1 Il y a une vingtaine d'années, l'usage de l'adjectif « baroque » se limitait au domaine de l'histoire de l'art. Plus spécifiquement et à la suite de l'historien d'art allemand Wölfflin, il désignait les élans et extravagances de l'architecture romaine. Depuis, l'essai de Philippe Beaussant, *Vous avez dit baroque : musique du passé, pratiques d'aujourd'hui* (Arles, Actes Sud, 1994), a fait justice de ces pudeurs et consacré cette manière d'annexion par le champ musical avant que les limites chronologiques implicites ne s'élargissent jusqu'aux confins du XIXe siècle. 2 *La Collection Sébastien de Brossard 1655-1730*, catalogue édité et présenté par Yolande de Brossard, Paris, Bibliothèque nationale de France, 1994. 3 Hans Lenneberg, *On the publishing and dissemination of music 1500-1850*, Hilsdale, Pendragon Press, 2003. 4 Kassel, Bärenreiter, 1970-2004. 14 volumes avec les suppléments. Suivant le modèle des *Short title catalogues*, chaque notice donne le nom de l'auteur, le titre, l'adresse bibliographique, le mode de présentation (partition ou parties séparées) et la localisation. Le dernier volume comporte l'index des éditeurs et une table des lieux d'édition avec les noms des firmes actives correspondantes.

Sébastien de Brossard qui, après avoir été acquise en 1724, forma le noyau des collections musicales de la Bibliothèque royale[5]. Brossard s'attache à recueillir ces éditions allemandes aussi bien pour leur intérêt musical car elles offrent au maître de chapelle des centaines de pièces, messes et motets, de compositeurs italiens et allemands qui peuvent servir de modèles. Il souligne également leur intérêt historique – une attitude nouvelle vis-à-vis de l'œuvre musicale plus souvent considérée au début du XVIIIe siècle comme un « bien de consommation » immédiat :

« [...] quand elles n'auroient servi qu'a conserver et faire parvenir jusques a nous les noms d'une quantité surprenante d'autheurs tres respectables tant par leur antiquité que par leur capacité, on les doit estimer[6]. »

Les grands recueils édités par Abraham Schade, Caspar Vincent puis Johann Donfrid à Strasbourg (*Promptuarii musici*, 1611-1612, 1613, 1617, 1622, 1623, 1627), par Erhard Bodenschatz (*Florilegium portense*, 1618, 1621) puis Ambrosius Profe (*Geistlicher Concerten und Harmonien*, 1641, 1642, 1646, *Corollarum geistlicher Collectaneorum berühmten Authorum*, 1649) à Leipzig ou par Seyffert à Dresde (*Varii variorum tam in Italia quam Germania excellentissimorum musicorum Concertus, ab una, 2, 3, et 4 vocibus, adjuncto basso generali*, 1643), appellent un commentaire statistique de la part du collectionneur qui y dénombre virtuellement 1 818 pièces et 703 auteurs tout en déplorant de ne pas en avoir la totalité (seulement 110 auteurs[7]). Toutes ces collections sont d'ailleurs présentées sous forme de parties séparées ; elles répondent, semble-t-il, à des nécessités pratiques. Le maître de chapelle y trouve les meilleures pièces du répertoire italien dont celles de Monteverdi, d'Alessandro Grandi, de Tarquinio Merula, de Maurizio Cazzatti ou de Giovanni Rovetta, de même que la production de la fine fleur des compositeurs d'église allemands, Schütz, Scheidt ou Johann Verdonck. Il ne faut pas mésestimer non plus le rôle joué par ces compilations dans la dissémination des innovations techniques telles que la basse continue.

L'édition joue aussi un rôle déterminant dans la diffusion des nouveaux modes d'expression de la musique profane. On a vu l'exemple de la chanson française au XVIe siècle et en France, phénomène qui semble préfigurer la diffusion explosive du madrigal à la fin du XVIe siècle mais par les éditeurs vénitiens. Après le retour de Petrucci à Fossombrone, Andrea Antico retourne à Venise ; à partir de 1533, il s'associe à Girolamo Scotto mais en utilisant une nouvelle technique d'impression, non plus sur bois comme dans ses impressions romaines, mais sur métal. En 1535, le nouveau savoir faire français va être associé à l'habileté et l'élégance italienne. Antoine Gardane, originaire du Sud de la France, apporte un nouveau procédé d'imprimerie musicale par l'emploi de caractères mobiles,

---

[5] *La Collection Sébastien de Brossard 1655-1730*, catalogue édité et présenté par Yolande de Brossard, Paris, Bibliothèque nationale de France, 1994. [6] *Op. cit.*, p. 130. [7] *Op. cit.*, p. 173.

ceux-là même qui auraient été inventés par Pierre Haultin et utilisés par Pierre Attaingnant. Antoine Gardane exerce ses activités de 1538 à 1569; ses fils Alessandro et Angelo, sous l'enseigne *Figliuoli d'Antonio Gardano*, amplifient encore le rayonnement de l'édition musicale vénitienne de 1576 à 1611, période qui coïncide avec l'incroyable faveur que rencontre le madrigal, alliance particulièrement heureuse de la poésie et de la musique à l'exemple de la chanson polyphonique française.

Au cours de la décennie 1551-1560, on publie 131 collections de madrigaux, 224 en 1561-1570, 367 en 1581-1590, 261 en 1590-1600, 264 en 1601-1610, date après laquelle le reflux déjà amorcé se confirme. Les compositeurs du Nord de l'Europe publient aussi des recueils de madrigaux dans leurs propres pays. De jeunes compositeurs (Frescobaldi, Schütz) choisissent ce moyen pour se faire connaître. Lorenzo Bianconi[8] à qui j'emprunte cette synthèse observe aussi que les nombreuses rééditions faites jusqu'à la fin du XVIIe siècle peuvent s'expliquer par le fait que le madrigal est aussi considéré comme une école de composition : « il est le genre didactique par excellence ». Ces rééditions sont souvent sous forme de partition, et superposent donc les différentes parties vocales; c'est le cas de celles de Gesualdo* dont la renommée se transmet de génération en génération jusqu'à Scarlatti en 1708. Bianconi souligne que la plupart des innovations fondamentales qui semblent apparaître dans le langage musical autour de 1600, usage de la basse continue, développement de la monodie accompagnée, étaient probablement antérieures. L'édition leur a donné une remarquable publicité et a offert aussi aux auteurs la possibilité d'exposer et commenter leurs idées nouvelles. Monteverdi accompagne d'une lettre argumentaire son cinquième livre de madrigaux de 1605 dont les dernières pièces sont pourvues d'une basse continue obligée. Le nouveau style (*stile nuovo*) s'introduit dans ces publications qui lui assurent une belle notoriété. Quand il édite en 1638 dans son huitième livre de *Madrigali guerrieri e amorosi con alcuni opusculi in genere rappresentativo* deux œuvres pour la scène d'une forte puissance dramatique, le *Combat de Tancrède et de Clorinde* d'après Le Tasse et le *Ballo delle Ingrate*, Monteverdi met implicitement fin à l'ère triomphante du madrigal.

*ill. 17

Ces publications ont pour trait distinctif, par rapport à la musique religieuse, de se présenter le plus souvent sous forme de « monographie » : pour leur « publicité », les éditeurs – en particulier les éditeurs vénitiens – comptent non pas sur la diversité des auteurs mais au contraire sur la renommée ou la célébrité d'un seul. Celle-ci est confortée par le caractère suivi de ces publications : les auteurs enchaînent les livres de madrigaux qui font aussi l'objet de rééditions[9]. Pour soutenir le train de la renommée, les éditeurs accompagnent volontiers ces publications de nombreuses pièces liminaires, dédicaces, poèmes à la louange du

---

8 Lorenzo Bianconi, *Music in the seventeenth century*, Cambridge, 1987. **9** Emil Vogel, Alfred Einstein, François Lesure, Claudio Sartori, *Bibliografia della musica italiana vocale profana publicata dal 1500 al 1700*, Pomezia, 1977.

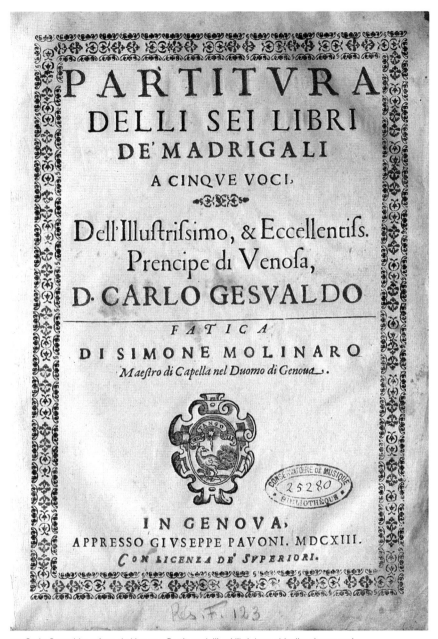

17 Carlo Gesualdo, prince de Venosa, *Partitura delli sei libri de madrigali a cinque voci…*
Fatica di Simone Molinaro, Gênes, G. Pavoni, 1613.
BNF, Musique, Rés. F. 123.
Reliure aux armes du prince Borghèse. Caractères de la page de titre en rouge et noir.

musicien ou du poète, qui constituent encore aujourd'hui un matériau précieux pour délimiter les frontières de ces cercles artistiques et lettrés.

Les éditeurs vénitiens sont très actifs sur le marché allemand et naturellement présents aux foires de Francfort. Beaucoup de nouveaux éditeurs allemands préparent des anthologies à partir des éditions monographiques vénitiennes quand ils ne reproduisent (ou pillent?) pas tout simplement les éditions vénitiennes. Parmi les plus populaires, les deux livres de madrigaux de Gastoldi (Venise, 1591 et 1594) sont réédités trente fois en Hollande, en Allemagne et en France, entre 1596 et 1664.

L'innovation vient parfois de personnalités marginales : l'allemand installé à Rome, Girolamo Kapsberger, choisit la forme de la partition et la technique de la gravure pour éditer lui-même ses villanelles, pièces pour une à quatre ou cinq voix solistes accompagnées par une basse au luth, au chitarrone ou à la guitare.

La riche histoire de l'édition musicale se décline évidemment selon des modes opératoires différents d'un pays à l'autre et d'une période à l'autre. Dans certaines aires géographiques, comme les pays germaniques ou l'Italie, on constate une grande dispersion des centres éditoriaux. En Italie, l'aventure éditoriale se poursuit à la fin du XVIIe siècle et au XVIIIe siècle avec des fortunes diverses. Venise, Bologne, Florence, Naples maintiennent une activité qui va pourtant déclinant au profit des officines de copistes, celles-ci fournissant à la demande les derniers airs à la mode entendus au cours de la dernière saison d'opéra. Les différents genres musicaux ne bénéficient pas non plus des mêmes types de diffusion. On sait que la musique instrumentale italienne, notamment les nouveaux genres à la mode, sonates, concertos, connaît une remarquable expansion en Europe grâce aux éditeurs d'Amsterdam, suivis par les éditeurs parisiens. La musique religieuse «fabriquée» au jour le jour par les maîtres de chapelle demeure le plus souvent la propriété des institutions religieuses qui la commanditent et disparaît parfois avec elles à la fin du XVIIIe siècle. On en a un regrettable exemple avec la musique produite pour les *ospedale* vénitiens, institutions caritatives et conservatoires de musique. Parmi les genres favoris, les cantates pour solistes sont diffusées essentiellement grâce à des recueils manuscrits d'un format bien particulier, très allongé, qui suggère qu'elles sont aisément transportables, et souvent dans des reliures élégantes en maroquin estampé à chaud qui parachèvent le travail soigné des copistes : les lettrines ornées qui débutent chaque cantate ont à la fois un caractère décoratif et fonctionnel : elles soulignent exactement où commence l'œuvre, parfois avec une mention discrète de l'auteur★.

* ill. 18

Dans les pays germaniques, l'édition musicale demeure, au XVIIe siècle, comme en Italie, dispersée dans de nombreux centres, notamment les villes de la vallée du Rhin, Francfort et Mayence, ou plus loin Brunswick, Augsbourg, Nüremberg ou Innsbruck, et continue à faire preuve d'une belle vitalité même si Sébastien de Brossard, en collectionneur avisé, ne peut s'empêcher de critiquer la

18 Recueil de cantates italiennes de Luigi Rossi, Carlo del Violino et Mario Savioni. Manuscrit, XVIIe siècle, copié par Antonio Chiusi.
BNF, Musique, Rés. Vmf. ms. 28.
Provenance : collection Geneviève Thibault de Chambure. Maria Hall.
On peut reconnaître le lion, emblème des Visconti.
Cantate de Luigi Rossi pour 1 voix et basse : « Mai finiro d'amare ».

médiocre qualité technique de la production. À propos des *Melismata sacra* de Johann Werlin (Nuremberg, J. Dümler, 1644), il note : « [...] il y a des morceaux excellents et ils meritoient bien d'être mieux imprimez et surtout sur de meilleur papier, mais qu'y faire c'est de l'impression d'Allemagne, c'est tout dire[10]. »

Au XVIIIe siècle, on assiste plutôt à un phénomène de concentration dans certaines villes : Leipzig, Mayence, Dresde, Offenbach sur le Main. Les grandes maisons d'édition qui feront la renommée de la musique allemande au XIXe siècle sont créées au XVIIIe siècle : Schott à Mayence, en 1770, Breitkopf & Härtel à Leipzig, en 1719. Cette dernière maison prend un essor exceptionnel grâce à la personnalité de Johann Gottlob Immanuel Breitkopf auquel on doit deux innovations majeures, l'une, technique, l'emploi de nouveaux caractères mobiles à partir de 1754-1755, l'autre, « publicitaire », la publication de catalogues thématiques qui contribueront largement à la diffusion des genres nouveaux, symphonie, quatuors ou autres[11].

À la multiplicité des centres éditoriaux en Italie et dans les pays germaniques, on peut opposer de façon un peu schématique, en tout cas au XVIIe siècle, la quasi-position de monopole exercée en France, sous les règnes de Louis XIII et de Louis XIV, par la dynastie des Ballard. Jusqu'en 1670, la maison connaît une période de prospérité exceptionnelle sous l'impulsion de Pierre I et Robert III

---

10 *La Collection Sébastien de Brossard*, Paris, Bibliothèque nationale de France, 1994, p. 192. **11** Le titre du premier catalogue indique que l'éditeur diffuse un fonds de manuscrits : « Catalogo delle sinfonie che si trovano in manuscritto nella officina musica di Giovanni Gottlob Immanuel Breitkopf, in Lipsia ». Voir Barry S. Brook, éd., *The Breitkopf thematic catalogue : the six parts and sixteen supplements 1762-1787*, New York, Dover, 1966.

Ballard[12]. Ont-ils bénéficié de la mode de l'air de cour ou bien, au contraire, contribué à la créer grâce à leur politique éditoriale intelligente ?

L'air de cour, bien qu'il représente encore dans l'esprit des musiciens un fort symbole de la musique du XVIIe siècle, possède son acte de naissance officiel au XVIe siècle. En 1571 paraît un *Livre d'airs de cour mis au luth* par Adrian Le Roy. Ensuite, Adrian Le Roy et la veuve de Robert Ballard font paraître de 1595 à 1597 trois recueils intitulés *Airs de court mis en musique à 4 et 5 parties*, puis Pierre I Ballard seul publie, de 1606 à 1613, trois livres d'*Airs à quatre de différents auteurs*. Ce phénomène n'est pas exclusivement parisien puisque, à Caen, Jacques Mangeant édite, en 1608, trois livres d'airs nouveaux et chansons à danser.

Georgie Durosoir a écrit à juste titre qu'il s'agit d'un « jeu de société codifié dans ses aspects littéraires et musicaux[13] ». L'amour en est presque le seul sujet par l'intermédiaire d'un « discours social qui évacue la réalité du sentiment par le biais de l'allusion mythologique ou pastorale ».

Sous l'égide de Gabriel Bataille, Pierre I Ballard fait paraître de 1608 à 1615 six livres d'*Airs de différents autheurs mis en tablature de luth* auxquels succèdent deux livres d'*Airs de différents autheurs mis en tablature de luth par eux-mêmes* (1617-1618), puis huit livres d'*Airs de cour mis en tablature de luth* par Antoine Boesset. Parallèlement à cette collection éditoriale pour voix et luth qui cesse avec le quinzième livre publié en 1632, paraissent les *Airs de cour et de différents autheurs* pour voix seule publiés de 1615 à 1628. Ces deux séries se présentent d'une façon différente même si elles ont en commun la technique d'impression en caractères mobiles★. À partir de 1627, l'air se décline dans des genres plus légers qui fleuriront jusqu'à la fin du siècle (*Recueil de chanson pour danser et pour boire*).

★ ill. 19 et 20

Ces grandes collections éditoriales qui rassemblent plusieurs auteurs ne brident pas la vitalité des publications monographiques consacrées à un seul auteur. Pour ne citer que les noms les plus connus, on a six livres d'airs de cour à 4 et 5 parties de Pierre Guédron. Étienne Moulinié, maître de musique de Gaston d'Orléans, diffuse ses œuvres sous une double forme, avec accompagnement de luth et sous forme polyphonique, en parties séparées à 4 et 5 parties. Antoine Boesset fait de même avec neuf livres d'airs de cour à 4 et 5 parties publiés de 1617 à 1642. Le phénomène éditorial est bien moins massif que celui du madrigal puisque G. Durosoir a recensé 128 recueils publiés de 1571 à 1664. Néanmoins, il demeure unique. Dans les années 1660, bien que la firme Ballard continue de se faire une forte spécialité de ces collections d'airs, le paysage change. Un compositeur bien en cour, Michel Lambert, obtient en 1660 un privilège pour faire graver ses airs ; il contourne ainsi l'ancien privilège exclusif des Ballard. À sa suite, d'autres compositeurs d'airs, puis d'autres musiciens, au

---

12 Laurent Guillo, *Pierre I Ballard et Robert III Ballard, imprimeurs du roy pour la musique (1599-1673)*, Sprimont, Mardaga, 2003. **13** Georgie Durosoir, *L'Air de cour en France 1571-1655*, Liège, Mardaga, 1991.

19 *IVe livre d'airs de cour, et de différents auteurs*, Paris, Pierre I Ballard, 1620-1621.
BNF, Musique, Weck. H 98 (3).
Pierre Guédron « Quoy que l'on me puisse dire / Qu'Amour n'est rien que martire ». Air à 1 voix sans accompagnement. Impression en caractères mobiles du type petite musique en fer de lance.

20 *Airs de differents autheurs mis en tablature de luth par eux-mesmes*, Paris, Pierre I Ballard, 1617. BNF, Musique, Rés. Vm7 566.
Antoine Boesset : « Que d'espines, Amour, accompagnent tes roses ». Air pour voix et tablature de luth française. Les caractères de la tablature de luth ont été taillés par Robert Granjon en 1550-1551. Ceux de la partie vocale (moyenne musique avec ove) sont dus à Guillaume Le Bé (vers 1558-1560).

premier rang desquels les clavecinistes, vont utiliser les nouvelles possibilités de la gravure, notamment sa capacité à reproduire les signes d'ornementation.

Pendant les dernières décennies du XVIIe siècle, les Ballard poursuivent ce qui a assuré leur succès commercial, la publication de séries récurrentes. C'est le cas des *Livres d'airs de differents autheurs* qui débutent en 1658 et se poursuivent jusqu'en 1694[14]. Chaque année paraissent ainsi vingt airs présentés sous la forme de deux parties en regard, la partie vocale à gauche, la partie de basse à droite, dans un format de taille moyenne entre l'in-octavo et l'in-quarto, bien souvent sans nom d'auteur. Certaines de ces pièces ont figuré dans un ballet de cour, d'autres ont pu être identifiées soit grâce à d'autres éditions de caractère monographique soit dans des recueils manuscrits. Une fois n'est pas coutume, le milieu social auquel s'adressent ces publications ainsi que leur enjeu culturel ont pu être déterminés. Les textes mis en musique et leur thématique rattachent très clairement ce type particulier de « livre de musique » au milieu des salons littéraires et des précieuses.

Toujours à l'affût des goûts du public, Christophe Ballard lance dans les années 1670, d'autres collections de ce type, comme les *Recueils de chansonnettes de differents autheurs à deux parties* (douze recueils entre 1675 et 1686) ou, à partir de 1690, les *Recueils d'airs sérieux et à boire de différents autheurs*, sous forme de cahiers mensuels dont la popularité ne se dément pas jusqu'aux premières années du règne de Louis XV. Une production aussi régulière laisse supposer qu'il existe aussi des amateurs de musique tout aussi constants dans leurs goûts. En 1675, Christophe Ballard revendique cette diversité en prétendant qu'un seul auteur « quelque science qu'il ait, semble chanter sur un mesme ton, et redire toujours ou souvent la mesme chose[15] ».

Les collections des Ballard ne contiennent pas que des airs isolés sur des textes français. On y trouve aussi des airs sur des textes italiens et espagnols. Christophe Ballard, de nouveau, lance, en 1699, une série de *Recueils des meilleurs airs italiens qui ont été publiés depuis quelques années*, en puisant dans ses propres publications. Pour faire bonne mesure, il y ajoute les airs « italiens » que des compositeurs français, Campra ou Desmarets, ont écrits pour la scène de l'opéra[16], ne faisant que reprendre un usage bien ancien puisque, dans les années 1660, les amateurs pouvaient retrouver dans ces collections les derniers récits à la mode composés pour les ballets de cour.

Les sources du ballet de cour

Un complexe polymorphisme des sources caractérise le ballet de cour. Ceci a pour conséquence qu'il faut plusieurs « livres de musique » et un livre ou plutôt un livret pour essayer de reconstituer ces grandes fêtes de cour.

---

[14] Anne-Madeleine Goulet, *Poésie, musique et sociabilité au XVIIe siècle. Les livres d'airs de différents auteurs publiés chez Ballard de 1658 à 1694*, Paris, H. Champion, coll. « Lumière classique », 2004.
[15] *Recueil de chansonnettes de differents autheurs à deux parties*, Paris, C. Ballard, 1675, « Au lecteur ».
[16] Extraits de *L'Europe galante* pour Campra et des *Festes galantes* pour Desmarets.

Margaret McGowan[17] a recensé plus de 400 ballets exécutés entre 1610 et 1643. Tous ne sont pas de la même importance car il convient de distinguer les grands ballets, des mascarades vite montées et vite oubliées. Au contraire, les grands ballets, par leur sujet, les détails de leur mise en place, leur inscription dans l'histoire politique du royaume, se révèlent souvent des clés éloquentes et subtiles sur l'état des coteries. Beaucoup marquent de façon évidente les événements heureux du règne. Citons : le *Ballet de Minerve*, donné en 1615, en l'honneur du mariage d'Élisabeth, la sœur de Louis XIII, avec l'infant d'Espagne, futur Philippe IV ; le *Ballet de Tancrède* ou *Grand Ballet du Roy dansé en la salle du Louvre sur l'advenir de Tancrède en la forêt enchantée*, inspiré d'un épisode de la *Jérusalem délivrée* du Tasse, dansé le 12 février 1619 pour célébrer le mariage de Chrétienne de France, dont on connaît l'amour quasi fanatique pour la danse, avec Victor Amédée de Savoie ; le *Ballet des Voleurs*, dansé pour le mariage d'Henriette-Marie de France avec Charles Ier d'Angleterre en 1624 ; le *Ballet du Roy ou la vieille cour où les habitants des rives de la Seine viennent danser pour les triomphes de Sa majesté*, en février 1635 ; le *Ballet sur l'heureuse naissance de Mgr le Dauphin*, en 1638.

Parmi les grands ballets qui ont marqué une véritable révolution dans le domaine musical, le *Ballet de la délivrance de Renaud*, créé la nuit du 19 janvier 1617, mérite une mention particulière. En effet, un livret généreusement illustré, le *Discours au vray du ballet dansé par le roy, le dimanche XXIXe jour de janvier 1617 avec les desseins, tant des machines et apparences différentes, que de tous les habits de masques* (Paris, Pierre Ballard, 1617), garde la mémoire de la richesse et de la fantaisie des thématiques du ballet et des costumes endossés par les danseurs. Le contexte politique du ballet est lui aussi particulier : Louis XIII s'apprête en grand secret au coup d'éclat qui le délivrera du pouvoir de Concini ; il a confié l'organisation du ballet à son favori Charles de Luynes et, pour une fois, la préparation a été longue (depuis le 16 décembre 1616) et minutieuse. Dans ce ballet, inspiré de nouveau d'un épisode de la *Jérusalem délivrée*, la magicienne Armide transforme Renaud et ses chevaliers en démons. Le roi incarne dans la première entrée le démon du feu, esquisse lointaine du thème solaire et apollinien de Louis XIV car « il a desseing de tesmoigner sa bonté à ses sujets, sa puissance à ses ennemis, et sa majesté aux étrangers[18] ».

La musique de ces nombreux ballets n'est que partiellement conservée. Ces œuvres essentiellement collectives où le « concepteur ou ordonnateur » commandait au poète, au compositeur, au chorégraphe, au machiniste, l'habile Italien Giacomo Torelli, ne nous ont laissé que des traces incomplètes.

Pour certains de ces ballets, la musique instrumentale peut se trouver dans les grands recueils compilés à la fin du XVIIe siècle par André Danican Philidor

---

17 Margaret McGowan, *L'Art du ballet de cour en France (1561-1643)*, Paris, Éd. du CNRS, 1978 et Marie-Françoise Christout, *Le Ballet de cour de Louis XIV 1643-1672 : mises en scène*, Paris, Picard, 1967 ; *id.*, *Le Ballet de cour de Louis XIV 1643-1712*, 2e éd., Paris, Picard, 2005. **18** *Discours au vray du ballet dansé par le roy*, Paris, P. Ballard, 1617, f. 5v°. Le livret contient aussi les récits de Guédron, Boesset et Bataille, soit à plusieurs voix soit avec tablature de luth.

ou sous sa direction[19]; la musique vocale, on l'a vu – les airs des Guédron, Bataille, Moulinié –, figure dans des recueils imprimés régulièrement par les Ballard; quant au livret, il permet de retrouver, dans une certaine mesure, l'enchaînement des entrées du ballet ainsi que les vers attachés aux personnages. Contrairement à la musique vocale, la musique instrumentale de ces ballets n'a jamais été imprimée. Elle subsiste dans les partitions de la collection Philidor mais parfois de façon incomplète; par exemple, dans le *Ballet de la Nuit* (1653), les parties intermédiaires sont absentes.

La collection Philidor est de fait une collection royale que l'usage a baptisée non pas d'après le nom de son commanditaire mais d'après le nom de celui qui en a pris l'initiative. Issu d'une famille de musiciens, André Danican Philidor (1652-1730), joueur de hautbois, acquiert diverses charges dans les corps de la Musique du roi[20] avant de devenir, en 1684, garde de la bibliothèque du roi, avec François Fossard, puis seul, après le décès de celui-ci, en 1702.

Dans les années 1690, il se lance dans une grande entreprise de collecte pour servir la mémoire des cérémonies royales: recueillir les musiques jouées à la cour depuis les règnes des Valois puis des Bourbons. Le premier volume de la collection Philidor, daté de 1690[21], a pour titre «Recueil de plusieurs vieux airs faits aux sacres, couronnements, mariages et autres solennités faits sous les regnes de François Ier, Henry 3 henry 4 et Louis 13 avec plusieurs concerts faits pour leurs divertissements»*. Les premiers volumes reflètent en grande partie le répertoire de la bande des vingt-quatre violons du roi sous les règnes d'Henri IV, Louis XIII et Louis XIV. Les volumes ultérieurs font figure de véritables monuments posthumes élevés à la gloire de Lully puisqu'ils transmettent la mémoire des ballets dansés à la cour de Louis XIV dans les années 1660, comme le *Ballet des Arts*, le *Ballet de la Naissance de Vénus*, le *Ballet des Amours déguisés* ou le *Ballet de Flore*. Philidor sert aussi l'actualité de son temps en copiant deux divertissements de son ami le surintendant de la musique de Louis XIV, Delalande (les *Fontaines de Versailles* et le *Concert d'Esculape*, 1683), ou des pièces instrumentales de l'allemand Johann Caspar Fischer. Pour certaines comédies-ballets, fruit de la collaboration entre Molière et Lully, le copiste a soigneusement transcrit texte et musique. Le champ du travail de collecte de Philidor, connu par un inventaire qu'il dressa à la fin de sa vie en 1727 à Dreux, dépasse largement la collection Philidor *stricto sensu*, qui fut d'ailleurs amputée au XIXe siècle d'un certain nombre de volumes. Grâce à une liste dressée par l'abbé Roze, l'un des premiers bibliothécaires du Conservatoire, nous connaissons le contenu initial de cette collection juste après son transfert de la bibliothèque du roi à Versailles. Les volumes manquants sont des volumes d'airs ou de pièces instrumentales qui ne devaient guère avoir de valeur aux yeux des employés de la bibliothèque dans les années 1820.

* ill. 21

19 La collection Philidor numérisée est accessible dans Gallica (bnf. fr). **20** Musicien de l'Écurie à partir de 1659, hautbois des Mousquetaires avant 1667, basson de la Chapelle de la Reine en 1672, fifre et tambour de la Chambre du roi, en 1681, haute-contre de hautbois et dessus de violon de l'Écurie. **21** BNF, Musique, Rés. F. 494.

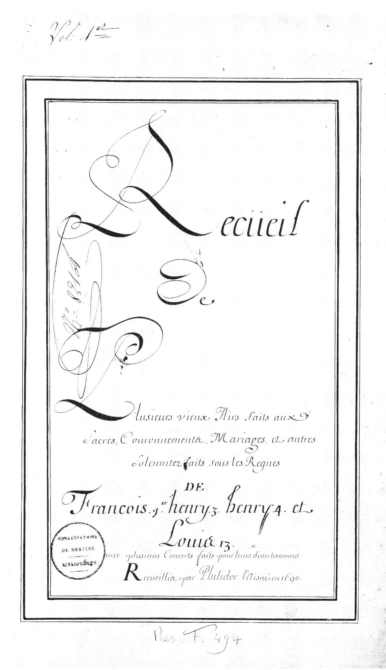

21 *Recueil de plusieurs vieux airs faits aux sacres, couronnements, mariages et autres solennités.* Manuscrit, 1690.
BNF, Musique, Rés. F. 494.
Volume de la collection réunie par François Fossard et André Danican Philidor.

Par sa présentation, par le soin avec lequel elle a été collectée – bien que Philidor ait manifestement eu des difficultés pour retrouver la totalité des textes qu'il recherchait –, la collection Philidor ne peut pas avoir d'objet pratique : il s'agit d'une entreprise de mémoire pour « mettre en ordre » ce que Lully, « génie merveilleux », a fait avant ses opéras mais surtout à la gloire de Louis XIV afin de « rétablir de si beaux ouvrages qui ont diverty tant de fois le plus grand Monarque de la Terre », comme le suggère Philidor lui-même.

Formats et présentations des livres de musique

Dans les manuscrits copiés par Philidor, tous de très grandes dimensions, nous avons vu apparaître une nouvelle présentation du livre de musique : la partition où sont superposées toutes les parties instrumentales, en l'espèce, celles de l'orchestre lulliste à cinq parties. Ce type de présentation existe depuis 1577 en Italie : cette innovation essentielle apparaît dans un livre de madrigaux à 4 voix de Cyprien de Rore.

Au XVIIe siècle, les présentations de ces livres innovent dans une certaine mesure mais moins qu'on ne le croit par rapport au XVIe siècle. Récapitulons : sont publiés en parties séparées les livres de madrigaux en Italie et les livres de motets en Allemagne ; les livres d'airs, s'ils sont à deux voix ou pour dessus et basse, conservent jusqu'en 1674 le mode de présentation des parties en regard, la voix à gauche, la basse à droite ; les tablatures de luth sont publiées dans des formats oblongs depuis le début du XVIe siècle. On observera que les premiers livres de clavecin, notamment ceux publiés en France, gardent ce format. C'est le cas des deux livres de Jacques Champion de Chambonnières publiés en 1670[22]. En revanche, l'une des plus importantes anthologies de musique de clavecin du XVIIe siècle, le manuscrit Bauyn est de format in-folio[23]. Les livres de viole de Marin Marais continuent la tradition du format oblong, commode, qui se place naturellement sur un clavecin et qui a le mérite de faire tenir chaque pièce sur une double page. Au contraire, pour ses magnifiques livres de clavecin gravés par Duplessis, François Couperin choisit un format in-folio très particulier, innovation qui sera imitée au XVIIIe siècle mais pas par tous les compositeurs. Rameau conserve par exemple ce format oblong pour son *Premier livre de pièces de clavecin* de 1706, ses *Pièces de clavecin avec une méthode pour la mécanique des doigts* de 1724 et les *Nouvelles suites de pièces de clavecin* de 1729-1730[24].

Le livre de clavecin peut être un très bel objet orné d'un frontispice, demandé à un graveur parfois éminent, comme Jean Le Pautre[25]★. La gravure a une autre séduction : elle ressemble fort à l'écriture manuscrite.

★ ill. 22

---

22 Reproduction en fac-similé : New York, Broude Brothers, 1967 (Monuments of Music and Music Litterature in Facsimile). **23** Voir le fac-similé : *Manuscrit Bauyn ca 1690*. Édition entièrement revue et corrigée, préface de Davitt Moroney, Genève, Minkoff, 1998. **24** Sylvie Bouissou, Denis Herlin, *Jean-Philippe Rameau. Catalogue thématique des œuvres musicales*, t. I, *Musique instrumentale et vocale*, Paris, éd. du CNRS / BNF, 2006. **25** Voir Florence Gétreau, Denis Herlin, « Portraits de clavecins et de clavecinistes français », *Musique, images, instruments*, n° 2, 1996, p. 96-97. Le frontispice signé Jollain a été réattribué à Le Pautre par Maxime Préaud.

Les recueils imprimés demeurent rares et tardifs mais les recueils manuscrits permettent une circulation intense des œuvres. L'école française de luth est foisonnante de noms et de corpus d'œuvres considérables[26]. Voici quelques noms : les Ballard, Gautier, le vieux Gautier, Denis Gautier, les Dubut, Mézangeau.

Les grands recueils – de format oblong – dont le plus connu demeure la *Rhétorique des dieux*, conservé à Berlin, consacrent une habitude chère aux luthistes qui va contaminer la musique de clavier : les pièces sont ordonnancées selon la tonalité, tout simplement, pour éviter les réaccords compliqués d'un instrument pourvu de treize cordes (six doubles cordes et une chanterelle) et de possibilités d'accord très diverses, tout au moins avant que l'usage du « nouveau ton » (accord *la ré fa la ré fa*) ne s'impose dans les années 1660. Les pages non utilisées demeurent vides dans l'attente de nouvelles pièces que chaque musicien ajoutera à son répertoire. Sébastien de Brossard, en vrai amateur

[26] Voir le Corpus des luthistes français, Paris, CNRS, publié sous la direction de Jean-Michel Vaccaro et Monique Rollin. Pour un inventaire des sources de la musique de luth, voir François-Pierre Goy, Christian Meyer, Monique Rollin, éd., *Sources manuscrites en tablature : luth et théorbe (c. 1500- c. 1800) : catalogue descriptif*, Baden-Baden, V. Koerner, 1991-1997.

22 Jacques Champion de Chambonnières, *Les Pieces de Clavessin de Monsieur de Chambonnieres. Livre premier*, Paris, Jollain, 1670.
BNF, Musique, Rés. 251.
Frontispice gravé par Jean Le Pautre.

23 *Pièces de luth recueillies et écrites à Caen 1672-1673 etc.
par Sébastien de Brossard.* Manuscrit, vers 1672-1673.
BNF, Musique, Rés. Vm7 370.
Allemande du vieux Gautier. Notation en tablature française : les lettres
indiquent la position des doigts sur les cordes du luth (accord *la ré fa la ré fa*).

passionné, collecte dans sa jeunesse, alors qu'il est étudiant à Caen, dans les années 1670, les pièces qui l'intéressent dans un épais volume relié en parchemin blanc. Selon l'usage du temps, Brossard a regroupé les pièces par tonalité en laissant beaucoup de pages blanches ; un feuillet gravé distingue les différentes parties*. Ce recueil contient des pièces de luthistes célèbres comme Ennemond Gautier, Denis Gautier, Dubut ou Gallot, ainsi que des pièces de Brossard lui-même[27].

* ill. 23

La véritable nouveauté vient de l'apparition de partitions in-folio qui permettent de lire – souvenons-nous de la citation de Rousseau – simultanément toutes les parties. Cette nouveauté va concerner aussi bien les manuscrits que l'édition. Dans l'édition, elle a cependant des difficultés à s'imposer en raison des contraintes techniques très visibles que doit respecter le procédé de l'impression en caractères mobiles dans les partitions produites par les Ballard. Les grandes partitions d'opéras qui sortent des presses de Christophe Ballard illustrent bien ces difficultés notamment pour le placement des hampes et des poutres qui doivent lier les traits avec des croches ou des doubles croches ou pour le juste placement des syllabes des mots à chanter.

Les successeurs de Christophe Ballard renoncent peu à peu à produire ces chefs-d'œuvre typographiques pour privilégier un format plus commode, celui des partitions réduites. Au cours des trente premières années du XVIIIe siècle, les opéras joués à l'Académie royale de musique ne seront plus diffusés que sous

[27] Sébastien de Brossard. *Pieces de luth recüeillies et ecrites a Caën et autres lieux es années 1672, 73 etca par S. de Brossard*, manuscrit, 275 f., BNF, Musique, Rés. Vm7 370.

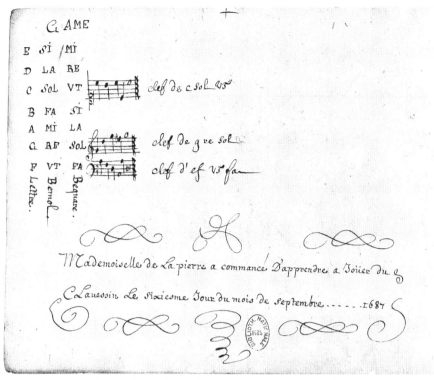

24 *Livre de clavecin de Mademoiselle de La Pierre.* Manuscrit, commencé en 1687 ?
BNF, Musique, Rés. Vmd. ms. 18.
Provenance : collection Geneviève Thibault de Chambure.
Contient au début les premiers rudiments de la notation musicale.

la forme de ces volumes de format oblong in-quarto où la notation de l'orchestre est simplement réduite au dessus et à la basse, alors que l'ensemble de la musique écrite pour la voix – récits, airs, chœurs – est correctement imprimé.

Pour retrouver certaines partitions d'opéras complètes des années 1720-1730, il faut se tourner soit vers certains livres de musique hybrides, des manuscrits pourvus de pages de titre imprimées avec une adresse bibliographique en bonne et due forme, soit vers les partitions et parties séparées multiples (c'est-à-dire les matériels) préparées pour l'usage seul du théâtre.

Un phénomène unique doit être signalé : il concerne les extraits d'opéras de Lully, extraits vocaux ou instrumentaux, fabriqués par des officines de copistes et popularisés à de nombreux exemplaires[28]. Ces « morceaux choisis » apparaissent très tôt – on en a un exemple pour *Atys* en 1677 – : ils ont contribué à l'extraordinaire popularité de Lully, dont on a encore le témoignage trente ans après sa mort, avec un recueil d'airs copiés pour un pardessus de viole, par

28 Herbert Schneider, *Chronologisch-thematisches Verzeichnis sämtlicher Werke von Jean-Baptiste Lully (LWV)*, Tutzing, H. Schneider, 1981.

un musicien de Vitry-le-François, Charles Dollé, qui réorganise les airs instrumentaux à sa guise pour en faire des suites de danses.

Ce type de démarche peut aussi avoir un but naturellement pédagogique. Celui-ci apparaît de façon évidente dans certains livres de clavecin où ont été transcrits par des mains plus ou moins habiles des morceaux choisis mais où figurent souvent en tête quelques éléments théoriques de base sur la notation musicale. Ainsi le livre de clavecin de Mlle de La Pierre[29] qui s'ouvre par la mention : « Mademoiselle de La Pierre a commancé d'apprendre à jouër du clavessin. Le sixième jour du mois de septembre 1687 »*. Parmi les pièces copiées tête-bêche voisinent les noms les plus célèbres, Lully (des transcriptions), Chambonnières, ou de maîtres de musique plus obscurs (Favier, Hardel).

* ill. 24

Les sources de la musique religieuse : l'exemple du grand motet français

On peut considérer que l'édition de certaines formes de musique religieuse à grand effectif, comme le grand motet pour solistes, chœur et orchestre, s'est heurtée aux mêmes difficultés techniques.

Pourtant, au cours des premières années où se développe, pour l'usage de la Chapelle royale, cette forme bien spécifique, Louis XIV marque son intérêt pour tout ce qui touche à l'organisation de sa musique en faisant publier de 1684 à 1686, par l'éditeur Ballard, un choix de motets dus à Henry Du Mont, Jean-Baptiste Lully et Pierre Robert. Ces *Motets pour la Chapelle du roi* ont été publiés sous forme de parties séparées qui mettent en évidence l'existence d'un grand chœur et d'un petit chœur de solistes. À titre d'exemple, l'édition des *Motets à deux chœurs pour la Chapelle du Roy, mis en musique par Monsieur de Lully*, Paris, Christophe Ballard, 1684, imprimés par « exprès commandement du roi »* compte dix-sept parties séparées destinées à cinq voix pour le petit chœur (dessus, haute-contre, taille, basse), cinq voix pour le grand chœur et sept parties pour l'orchestre y compris une partie de basse continue. À quelques exceptions près, cette publication fut sans lendemain : l'essentiel des sources du grand motet est constitué de partitions manuscrites, à commencer par celles destinées au service de la Chapelle royale. Le fonds dit de la Chapelle du roi reflète une partie notable de l'activité des sous-maîtres de la Chapelle sous les règnes de Louis XIV, de Louis XV et de Louis XVI. Les manuscrits autographes ou non de motets de Michel-Richard Delalande, André Campra, Henri Madin, Charles-Hubert Gervais ou Antoine Blanchard y côtoient les matériels d'exécution qui peuvent fournir de précieuses indications sur l'effectif employé[30]. Une partition manuscrite du *Dominus regnavit* de Delalande avec orchestre réduit à deux parties de dessus et une partie de basse, prescrit ainsi 51 parties séparées[31]. L'activité détaillée de la Chapelle-

* ill. 25

---

29 BNF, Musique, Rés. Vms. ms. 18. Provient de la collection de Geneviève Thibault de Chambure.
30 Ces matériels d'exécution (parties séparées manuscrites) sont conservés dans la série H. fonds de la Chapelle du roi, au département de la Musique de la Bibliothèque nationale de France (F Pn). Ils sont recensés dans le *Catalogue thématique des sources du grand motet français (1663-1792)*, éd. Jean Mongrédien, Munich- New York-Londres-Paris, K. G. Saur, 1984. **31** BNF, Musique, Rés. 1363.

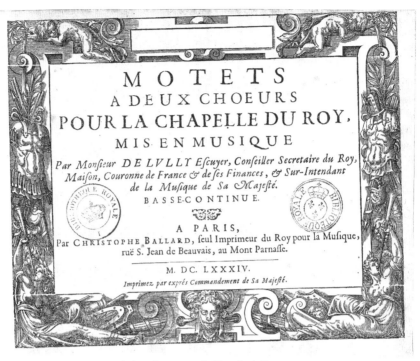

25 Jean-Baptiste Lully, *Motets à deux chœurs pour la Chapelle du Roy, mis en musique par Monsieur de Lully*, Paris, C. Ballard, 1684.
BNF, Musique, Rés. Vm1 99.
Reliure aux armes de Lully. 17 parties séparées pour les solistes, le chœur et l'orchestre. Contient six motets à grand chœur : *Miserere mei* ; *Benedictus Dominus* ; *Te Deum* ; *De profundis* ; *Dies irae* ; *Plaude, laetare Gallia*.

musique peut être partiellement appréhendée grâce aux livres de paroles de motets destinés au roi et à la cour car ils détaillent année après année la liste des motets et, souvent, les paroles (donc les textes) des psaumes choisis. Ces livres de paroles sont malheureusement conservés de façon fragmentaire. Pour le règne de Louis XIV, on en connaît dix-neuf, pour les années 1666, 1670, 1674-1675, 1677-1683, 1686, 1703, 1714, quelques-uns pour le règne de Louis XV, dont un pourvu d'une très belle reliure à la Dusseuil, et de nombreux exemplaires pour le règne de Louis XVI[32]. Ces livres permettent aussi de reconstituer l'œuvre complet d'un sous-maître de la Chapelle alors qu'une partie de sa production musicale peut être perdue. Pour Henry Du Mont, par exemple, on a trace de soixante-quatre grands motets alors que seuls vingt-six titres sont conservés dans les sources musicales, dont vingt publiés en 1686 « par exprès commandement du roi ».

[32] Voir Lionel Sawkins, « Chronology and evolution of the *grand motet* at the court of Louis XIV : evidence from the Livres du Roi and the works of Perrin, the sous-maîtres and Lully », *Jean-Baptiste Lully and the music of the French Baroque : Essays in honor of James R. Anthony*, éd. par John Hajdu Heyer, Cambridge, Cambridge University Press, 1988, p. 41-79. La Bibliothèque municipale de Versailles et le département de la Musique de la BNF en conservent une collection significative.

Un millier de grands motets environ ont été recensés pour la période 1663-1792. Ils se distribuent en trois principaux ensembles : les motets écrits pour la Chapelle du roi, les grands motets exécutés au Concert spirituel parfois commandés à l'occasion de concours, conservés en grande partie dans le fonds dit du Concert spirituel, versé au moment de sa disparition, en 1792, enfin les grands motets écrits pour les grandes maîtrises des cathédrales de province dont quelques ensembles subsistent encore comme à Aix-en-Provence, Toulouse ou Le Puy. Ils témoignent souvent des adaptations ou extraits réalisés pour l'usage local et l'effectif disponible.

Certains motets ont fait l'objet de collections non rassemblées pour une institution religieuse mais pour un amateur collectionneur.

Pour ces œuvres religieuses à grand effectif, la copie manuscrite a ainsi pris manifestement le relais de l'édition défaillante. En effet, les éditeurs diffusent de la musique religieuse mais il s'agit de formes plus faciles à diffuser qui s'adressent à des voix solistes et quelques instruments comme les petits motets (trois livres pour ceux de Campra qui semblent avoir reçu un bel accueil) ou les *Leçons de Ténèbres* (Delalande, Couperin). On peut imaginer qu'elles s'adressent à des congrégations religieuses ou des paroisses.

Quelques collections de livres de musique

L'étude des collections de livres de musique demeure encore un domaine à défricher malgré quelques travaux pionniers comme ceux de Laurent Guillo, qui a reconstitué la bibliothèque et les pratiques bibliophiliques de Hugues Picardet, procureur général au Parlement de Bourgogne, à partir d'exemplaires patiemment repérés dans les collections du département de la Musique[33]. Ces collections, qui ont été pour beaucoup d'entre elles dispersées, ne peuvent être identifiées que par la présence d'ex-libris, ou grâce à des reliures ou par l'intermédiaire de catalogues ou d'inventaires qui servent de point de départ à des reconstitutions, la plus notable d'entre elles étant la collection de Sébastien de Brossard, déjà évoquée. Brossard avait soigneusement reporté de sa large écriture les éléments de son catalogue sur les petits portefeuilles en carton bouilli de couleur grise qui enserraient ses éditions en parties séparées. Il avait également fait usage d'un cachet de cire rouge portant ses armes (sur un exemplaire des *Cantica sacra* d'Henry Du Mont, 1652). Parmi les ex-libris, mentionnons celui de Daniel Huet, évêque d'Avranches, amateur de livres d'airs sérieux publiés par les Ballard et dont la bibliothèque est passée aux mains de la Compagnie de Jésus avant de rejoindre la bibliothèque du Conservatoire. Le choix de reliures recherchées par leurs matériaux et leur décoration dénote une attention particulière que l'on trouve assez rarement chez les amateurs de musique. Ces reliures sont aussi adaptées à l'usage du livre de musique. Au XVIIᵉ siècle, une tablature de luth ou de guitare reçoit souvent une reliure

---

[33] Laurent Guillo, « Les livres de musique de Hugues Picardet (1560-1641), procureur général au Parlement de Bourgogne », *Bulletin du bibliophile*, n° 1, 2001, p. 58-84.

souple en parchemin blanc. Elle peut provenir de l'officine des Ballard qui fournissent des livres en blanc où les portées sont préimprimées[34].

Au XVIIIe siècle, les partitions réduites d'opéras seront souvent recouvertes d'une reliure en veau fauve, tandis que la musique instrumentale publiée en parties séparées sera fréquemment reliée en parchemin teinté en vert, avec parfois une pièce de titre en maroquin rouge ajoutée. Cette pièce de titre mentionne souvent la partie instrumentale concernée, sachant que les amateurs faisaient volontiers relier ensemble un certain nombre d'éditions de la même époque et du même type de répertoire. Ces regroupements n'ont pas encore fait l'objet d'études. Quelques grandes partitions d'opéra sorties des presses des Ballard portent une belle reliure en maroquin rouge où a été reportée en lettres dorées la mention « Bibliothèque de Choisy ». Les livres de musique destinés aux classes de l'institution Saint-Louis-de-Saint-Cyr représentent un exemple bien connu où le caractère utilitaire rejoint la qualité esthétique : certains de ces volumes dont plus d'une centaine sont conservés à la Bibliothèque de Versailles, ont reçu des reliures en basane ou en daim jaune, bleu ou mauve, en fonction de la dénomination des classes où les demoiselles recevaient une éducation musicale fondée sur un répertoire de chant religieux[35].

La collection dite Toulouse-Philidor[36] créée par Anne Danican Philidor, fils d'André Danican Philidor, à la demande du comte de Toulouse, grand amiral de France, fils légitimé de Louis XIV et de Mme de Montespan, possède une présentation d'une grande homogénéité, certainement voulue. Ces volumes ne semblent pas avoir eu un usage pratique bien qu'ils se présentent sous la forme de partitions et de parties séparées (partielles), copiées avec hâte par une équipe d'au moins treize copistes qui ont travaillé pendant un laps de temps assez court, trois ou quatre années tout au plus. Les partitions sont reliées en veau fauve portant au plat les armes du comte de Toulouse*, tandis que les parties séparées sont reliées en veau marbré. Les volumes de format in-quarto oblong portent une page de titre imprimée avec un bandeau mentionnant l'auteur, le titre et le commanditaire*, beaucoup comportent également des tables de contenu. Tout semble préparé pour une consultation aisée. Une partie de la collection, riche de plus de trois cents volumes, est consacrée aux œuvres du répertoire de l'Académie royale de musique, de Lully, Campra, Destouches, Desmarets, curieusement regroupées par deux. Dans une autre partie, la musique religieuse, les petits motets de François Couperin ou les grands motets de Delalande. Quelques volumes ont été réservés à la musique italienne et aux formes

* ill. 26

* ill. 27

---

34 Laurent Guillo, « Les papiers à musique imprimés en France au XVIIe siècle : un nouveau critère d'analyse des manuscrits musicaux », *Revue de musicologie*, n° 87 / 2, 2001, p. 307-369. **35** Anne Piéjus, *Le Théâtre des demoiselles, tragédie et musique à Saint-Cyr à la fin du Grand Siècle*, Paris, Société française de musicologie, 2000, annexe I, p. 665, et Denis Herlin, *Catalogue du fonds musical de la Bibliothèque de Versailles*, Paris, Société française de musicologie / Klincksieck, 1995, annexe II : la maison de Saint-Louis à Saint-Cyr. Il existe aussi des recueils de danse pour la classe rouge. **36** Catherine Massip, « La collection Toulouse-Philidor à la Bibliothèque nationale », *Fontes artis musicae*, 1983, vol. 30, n° 4, p. 184-207. Possession de Louis-Philippe, la collection a été vendue aux enchères en 1852 et conservée en partie jusqu'en 1978 au collège Saint-Michael-de-Tenbury.

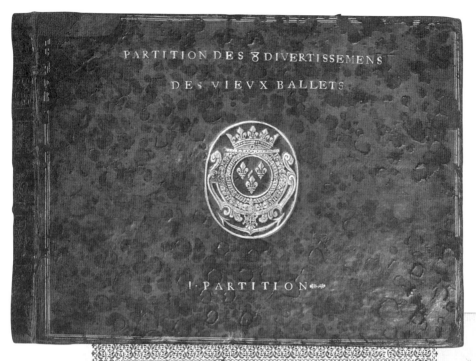

26, 27 Jean-Baptiste Lully, *Partition des huit divertissemens des vieux ballets Mis en Musique par Mr de Lully, Sur-intendant de la Musique du Roy. Copiez par ordre exprès de son Altesse Serenissime Monseigneur le Comte de Toulouze par M. Philidor l'aîné, Ordinaire de la Musique du Roy, et Garde de toute sa Bibliotheque de Musique, et par son Fils aîné, l'An 1703*. Manuscrit, 1703.
BNF, Musique, Rés. F. 1710 (1).
Collection reliée aux armes du comte de Toulouse en veau fauve (parties séparées) ou en veau marbré (partition). Les manuscrits comportent une page de titre imprimée.

nouvelles qui commencent à rencontrer un véritable succès en France au début du XVIIe siècle : les motets pour voix solistes et surtout les cantates.

À ce titre, l'anthologie de cantates et airs italiens en sept volumes élégamment reliés constituée vraisemblablement par Innocenzo Fede, intendant de la musique de Jacques II à Saint-Germain-en-Laye[37], représente un moyen attesté de diffusion de la musique d'outre-monts puisqu'elle a servi de matrice à une anthologie identique de la collection Toulouse-Philidor. Les 204 pièces sont classées par ordre alphabétique des titres des cantates, dans les tranches alphabétiques, elles sont ordonnées par médium, celles écrites pour la voix de soprano venant en tête. Seules soixante-cinq compositions ont pu être identifiées et attribuées à vingt-cinq compositeurs actifs entre 1690 et 1710 à Rome, Bologne et Venise, les plus représentés étant Alessandro Scarlatti et Fede lui-même. La reliure, qui se distingue par la présence sur les plats d'un cadre de trois filets droits, avec une fleur de lys en diagonale dans chaque angle, a permis d'identifier une anthologie de pièces de viole manuscrites comme un autre témoignage de la musique utilisée dans l'entourage de la cour des Jacobites à Saint-Germain-en-Laye[38].

Certaines rares anthologies sont également valorisées par l'ajout de l'image à la musique. Un « Recueil de plusieurs pieces saintes et motets composez par Monsieur Carissimi, maistre de musique à Saint Pierre de Rome », portant la date de 1649, se voit doté de gravures de mode bien plus tardives de H. Bonnart, Mariette, Langlois, etc., dont quelques-unes à sujets musicaux toutefois[39]. Un recueil de cantates italiennes provenant de Charles-Maurice Le Tellier, archevêque de Reims, s'ouvre par un beau frontispice de Bonnart[40]. Une très remarquable série de volumes calligraphiés a été récemment mise en lumière par Laurent Guillo : les airs sérieux pour voix et luth soigneusement transcrits sont accompagnés d'une grande diversité de portraits dessinés à la plume dont l'auteur serait un artiste bruxellois[41].

Pour quitter le domaine des anthologies et revenir à celui des collections, certaines sont connues grâce aux inventaires qui en ont été dressés au moment de la Révolution sous la direction du violoniste Antonio Bartolomeo Bruni. Certains de ces inventaires correspondent à des collections maintenant physiquement conservées à la Bibliothèque nationale de France comme celle du baron Grimm, riche de nombreuses partitions d'opéras italiens ou d'extraits[42]. Dans ce cas précis, aucun signe extérieur, hormis l'inventaire, n'aurait permis le repé-

---

37 BNF, Musique, H. 659. Voir Jean Lionnet, « Innocenzo Fede et la musique à la cour des Jacobites à Saint-Germain-en-Laye », *Revue de la Bibliothèque nationale*, 46, hiver 1992, p. 14-18. **38** Deux parties avec un ex-libris de John Wilson. BNF, Musique, Vm7 137317 et Vm7 137323. Pièces identifiées par François-Pierre Goy. Le rapprochement a été fait aussi grâce à la présence d'un copiste de l'entourage des Philidor. **39** BNF, Musique, Rés. F. 934. **40** BNF, Musique, Vm7 17. **41** Laurent Guillo, « État des recherches sur le *Corpus Horicke* : quatorze recueils d'airs et de chansons notés sur vélin, illustrés de traits de plume (Bruxelles, vers 1635-1645) » dans *Poésie, musique et société. L'air de cour en France au XVIIe siècle*, textes réunis par Georgie Durosoir, Sprimont, Mardaga, 2006, p. 125-133. **42** Catherine Massip, « La bibliothèque musicale du baron Grimm » dans *D'un opéra l'autre. Hommage à Jean Mongrédien*, éd. par Jean Gribenski, Paris, Presses de l'université de Paris-Sorbonne, 1996, p. 189-205.

rage des éléments de cette bibliothèque musicale qui se signalait par la présence de copies de la main de Jean-Jacques Rousseau.

Les premiers manuscrits autographes français

Il n'existe aucun manuscrit autographe de la main de Jean-Baptiste Lully. Les ballets qu'il écrit au cours de ses premières années à la cour de Louis XIV, ainsi que les comédies-ballets écrites à l'occasion de sa collaboration avec Molière demeurent inédits ; qui plus est, ils ne sont connus, parfois de façon incomplète, que grâce à des copies manuscrites multiples mais tardives émanant de traditions parfois contradictoires, d'une part, la tradition Philidor, d'autre part, la tradition Foucault. Pour les œuvres religieuses, six motets pour grand chœur, petit chœur et orchestre sont édités en parties séparées sur l'ordre de Louis XIV en 1684 *(Miserere*; *Te Deum*; *De profundis*; *Dies irae*; *Plaude, laetare Gallia*; *Benedictus)* ; les autres grands motets sont parvenus uniquement sous forme de copies manuscrites, de même que ses petits motets pour trois voix solistes et accompagnement de basse continue. Ce mode de diffusion soumis au bon vouloir des copistes a eu pour conséquence des confusions d'attribution des œuvres. Pour les tragédies en musique, Lully ne semble avoir pris que tardivement conscience de l'importance de l'édition, bien qu'il ait perçu une redevance sur les livrets à partir de *Thésée* (1674). La première tragédie en musique éditée est *Isis*, en 1677, sous forme de parties séparées uniquement. Les tragédies suivantes auront un traitement beaucoup plus adapté à leur importance. Elles paraissent sous la forme de grandes partitions générales offrant la totalité des parties d'orchestre et de chœur. L'éditeur Christophe Ballard soutient cette entreprise dont on sait, grâce à la convention du 26 décembre 1680 concernant *Le Triomphe de l'amour*, que Lully y participe financièrement[43]. Il semble que Lully ait contrôlé les exemplaires sortis des presses Ballard, pour des raisons financières (le contrat qui le liait à Ballard prévoyait le partage des frais). Pour les œuvres de Lully qui n'ont pas été éditées de son vivant, on a un ensemble de sources manuscrites souvent non datées et d'éditions tardives, parfois élégantes mais incomplètes, comme celles produites par Henri de Baussen sous forme de partitions réduites, sans les parties intermédiaires d'orchestre, mais avec des frontispices évocateurs.

A contrario, on constate que les manuscrits autographes subsistent dans la mesure où l'œuvre n'a pas connu les honneurs de l'édition. C'est le cas pour certaines œuvres de Sébastien de Brossard ; selon son habitude, il ajoute parfois une touche personnelle qui donne au manuscrit la valeur de document biographique. Il note ainsi sur le *Psalmus CXVIIIus quatuor vocibus C A T B cum organo. Retribue servo tuo*[44] :

« Composé à Meaux l'anno 1698 depuis une heure apres midy du 9 décembre jusque à 10 heures du soir du 10 etca. La composition de ce psaume

---

43 Voir Jérôme de La Gorce, *Jean-Baptiste Lully*, Paris, Fayard, 2002, p. 274. **44** BNF, Musique, Vm1 935-935 bis. Voir Jean Duron, *L'Œuvre de Sébastien de Brossard (1655-1730). Catalogue thématique*, Versailles, Éd. du Centre de musique baroque de Versailles / Klincksieck, 1995.

a permis à son auteur d'obtenir le poste de maître de chapelle de la cathédrale de Meaux. »

Les vingt-huit volumes de *Meslanges autographes* de Marc-Antoine Charpentier représentent un ensemble unique dans le domaine de la musique baroque. On a beaucoup discuté sur les raisons d'une telle entreprise : la collecte de 551 numéros d'œuvres[45] par le compositeur lui-même, patient labeur dont on ne sait guère dans quelles conditions il a été réalisé. L'une des premières raisons invoquées tient à la carrière de Charpentier et à l'absence de diffusion de son œuvre par l'édition. Seul son opéra *Médée*, représenté le 4 décembre 1693 à l'Académie royale de musique, eut les honneurs d'une belle édition par Christophe Ballard en 1694, avec une dédicace au roi Louis XIV. De son vivant, Charpentier ne vit l'édition d'aucun motet. En 1709, son neveu et héritier le libraire Jacques Édouard prit l'initiative de publier quelques *Motets melez de simphonie*.

Un *Mémoire des ouvrages de musique latine et françoise de défunt Mr Charpentier*[46] fait par Jacques Édouard, peut-être au moment de la vente de la collection à la Bibliothèque royale, le 20 novembre 1727, pour 300 livres, montre déjà que la collection était répartie en une double série de cahiers numérotés les uns en chiffres romains, de I à LXXV, les autres en chiffres arabes, de 1 à 75. On pense que cette double numérotation a été posée sur les pages après que la musique ait été copiée et donc qu'elle correspond à un ordre plus ou moins chronologique, les deux séries fonctionnant non pas en se succédant mais en parallèle. Elle est d'autant plus utile que les manuscrits de Charpentier ne portent aucune date*. Les principales étapes de sa carrière ou bien des événements extérieurs corroborent cette hypothèse chronologique ou, plutôt, apportent des éléments extérieurs de datation non pas des manuscrits mais des œuvres elles-mêmes. Sans entrer dans une chronologie détaillée qui a été faite par W. Hitchcock, la collaboration de Charpentier avec la Comédie-Française donne par exemple de bons repères depuis les premières comédies-ballets écrites avec Molière. Elle commence le 8 juillet 1672 avec *La Comtesse d'Escarbagnas* et *le Mariage forcé* (cahier XV). Les fragments du *Malade imaginaire* de 1673, de même que les révisions se trouvent dans les cahiers XVI et XVII. Une nouvelle production de l'*Andromède* de Pierre Corneille, le 19 juillet 1682, se trouve dans le cahier XXXIV. Une œuvre ne correspond pas obligatoirement au contenu d'un cahier. Le grand motet écrit pour les funérailles de la reine Marie-Thérèse en 1683 (H. 409) occupe trois cahiers (XXXVI, XXXVII, XXXVIII). Inversement, un cahier peut contenir plusieurs œuvres brèves. Les pièces que l'on peut dater de la dernière période d'activité à la Sainte-Chapelle du Palais, dont Charpentier devient maître de chapelle en mai 1698, se trouvent bien dans

* ill. 28

---

45 H. Wiley Hitchcock, *Les Œuvres de Marc-Antoine Charpentier. Catalogue raisonné*, Paris, A. et J. Picard, 1982. Catherine Cessac, *Marc-Antoine Charpentier*, 2e éd., Paris, Fayard, 2004. **46** H. Wiley Hitchcock, « Marc-Antoine Charpentier, Mémoire and Index » dans *Recherches sur la musique française classique*, t. XXIII, Paris, Picard, 1985, p. 5-44.

28 Marc-Antoine Charpentier, *Salut de la veille des O et les 7 O suivant le romain* [H 36-43].
Manuscrit autographe, vers 1690.
BNF, Musique, Rés. Vm1 259, t. V, cahier 64, f. 24 v°.
Groupe d'antiennes pour 3 voix et basse continue selon le bréviaire romain, qui se chantaient pendant le temps de Noël en conjonction avec des Noëls instrumentaux (ici : « Laissez paître vos bêtes »).

les cahiers numérotés 75 : les noms de chanteurs employés à la Sainte-Chapelle attestent de la destination de ces psaumes (H. 228, 229, 230). Les divertissements écrits lorsque Charpentier faisait partie des musiciens de Mlle de Guise comportent fréquemment les noms des chanteurs attachés à son service. Regroupées dans les cahiers 41-50 et XLI-L, ces œuvres sont antérieures au décès de la protectrice de Charpentier en 1688.

Les manuscrits autographes de Jean-Philippe Rameau ont fait l'objet d'importantes études[47] puisque l'on se trouve, pour la première fois dans la musique française, devant un corpus non pas complet mais suffisamment varié et significatif pour qu'une analyse des méthodes de travail du compositeur devienne possible. De plus, le corpus varie selon le type de musique. Pour la musique de clavecin, l'édition prime, les copies étant toutes ultérieures. Comme pour l'œuvre de Couperin, on constate déjà un phénomène de dissémination de certaines pièces[48]. Pour les grands motets, on a seulement – à l'exception du très remarquable et complexe manuscrit autographe de l'*In convertendo* – des copies tardives qui montrent des pratiques d'exécution très différentes de celles des années 1720, au cours desquelles Rameau a composé ces œuvres. Pour les tragédies en musique, les opéras-ballets, les actes de ballet et autres œuvres pour la scène, on a bien des manuscrits autographes dont celui de sa toute dernière œuvre, *Les Paladins** mais on a essentiellement des sources liées aux représentations sous la forme d'éditions truffées de pages manuscrites, ou de copies collationnées par les copistes professionnels de l'Académie royale de musique, qui montrent des différences de textes considérables. De plus, la situation varie beaucoup d'une œuvre à l'autre, source unique, sources multiples et non concordantes. Il faut y ajouter les éditions dont Rameau corrigeait soigneusement les épreuves, mais qui ne donnent le plus souvent que des parties incomplètes pour l'orchestre.

* ill. 29

Une question qui reste un champ ouvert, à l'instar de l'étude de collections musicales, est celle des ateliers de copistes. La parole revient encore à Sébastien de Brossard qui se plaint de la cherté des copistes parisiens. Le plus connu est sans conteste Henri Foucault et sa célèbre officine sous l'enseigne «À la Règle d'or», dont la fortune repose, une fois de plus, sur la diffusion des œuvres de Lully. Le travail des principaux copistes attachés à l'Académie royale de musique comme Lallemand et Durand peut être mis en valeur parce que l'on peut leur attacher un nom et retrouver leur trace dans les comptes de la maison du roi. Pourtant la plupart restent anonymes, y compris ceux qui ont œuvré pour les Philidor père et fils, leur seule «signature» se matérialisant par des caractères graphologiques spécifiques[49].

---

47 Voir Thomas Green, *Early Rameau sources : studies in the origins and dating of the operas and other musical works*, Ann Arbor, University Microfilms International, 1993. **48** Voir David Fuller et Bruce Gustafson, *A Catalogue of French Harpsichord Music 1699-1780*, Oxford, Clarendon Press, 1990. **49** Voir Denis Herlin, *Catalogue du fonds musical de la Bibliothèque municipale de Versailles*, Paris, Société française de musicologie, 1995.

29 Jean-Philippe Rameau, *Les Paladins*. Comédie lyrique en 3 actes. Livret de Duplat de Monticourt d'après un conte de La Fontaine. Manuscrit autographe, 1759-1760.
BNF, Musique, Rés. Vm2 120.
Don de la famille Decroix, 1843.
Fait partie d'un important ensemble de sources ramistes. Nombreuses collettes et corrections.
On remarque la mention : « tout est corrigé, copiez tout », destinée au copiste de l'opéra.

La « révolution » de l'autographe

Il suffit de consulter les catalogues d'antiquariat ou les catalogues de ventes publiques des dernières décennies pour comprendre la place éminente qui est désormais attribuée à un manuscrit autographe, écrit de la main même du compositeur de l'œuvre. Par le terme « autographe », on désigne d'ailleurs des documents de nature très différente : esquisses, particelles, partitions générales, réductions pour piano. Or cette façon de considérer le manuscrit autographe est relativement récente. Il est communément admis qu'au XVIIIe siècle, comme au XVIIe siècle, on ne conserve pas le manuscrit d'une œuvre dès lors qu'elle est éditée. Le manuscrit autographe subsiste dans la durée s'il n'y a pas d'autre support, notamment celui de l'édition, ou pour servir de matrice à des copies ou à l'établissement de « matériels » d'exécution, c'est-à-dire les ensembles de parties séparées qui serviront aux musiciens exécutant l'œuvre. La place éminente accordée à l'autographe s'impose seulement à la fin du XVIIIe siècle et surtout au XIXe siècle, grâce à la constitution de deux types d'outils de travail, bien spécifiques à la musique : les catalogues thématiques[1] et les éditions critiques. Les premiers catalogues thématiques de compositeurs réalisés au XIXe siècle comme celui de Ludwig von Köchel pour Mozart, situent le manuscrit autographe au plus haut niveau de la hiérarchie des « sources ». Cette notion de « source » est directement empruntée à l'allemand « *Quelle* ». Elle s'impose grâce au développement des éditions monumentales qui, revendiquant le statut d'éditions critiques, serviront elles-mêmes de socle à la notion d'*Urtext* – texte de référence –, qui a prévalu jusqu'aux dernières années du XXe siècle. L'éditeur scientifique puis l'interprète qui se servait de ces éditions avaient l'ambition de retrouver dans sa pureté originelle la pensée du compositeur, non dégradée par les arrangeurs et autres intervenants. Cette notion est actuellement remise en question au profit d'une vision plus nuancée et plus dynamique de la vie d'un texte musical, tenant compte, notamment, des variables apportées par le compositeur lui-même et, plus largement, des circonstances de la diffusion de l'œuvre.

Néanmoins, le manuscrit autographe demeure un témoin essentiel qui porte trace des méthodes de travail des compositeurs et, parfois, de leurs procédés de composition, processus éminemment personnel. Cette démarche critique implique de placer l'autographe dans un ensemble hiérarchisé de sources qui englobent également les éditions, les épreuves corrigées, les partitions de chefs d'orchestre, et aussi les sources périphériques pour certains types d'œuvres,

---

[1] Voir Barry S. Brook, *Thematic Catalogues in music*, 2e éd., Stuyvesant, Pendragon Press, 1997.

comme les opéras, c'est-à-dire le livret et ses différentes versions (comme au XIXe siècle les livrets soumis à la censure), les correspondances entre compositeur et librettiste. Chaque œuvre, chaque acte de composition peuvent ainsi être situés dans une dynamique plus ou moins précise et documentée.

Pour mesurer à quel point l'intérêt pour l'autographe est une démarche relativement récente, citons l'anecdote concernant les autographes de François Giroust, sous-maître de la Chapelle royale sous Louis XVI. En 1814, sa veuve propose de vendre ses manuscrits pour 4 000 francs à la bibliothèque du Conservatoire qui refuse. Dix ans plus tard, elle arrive enfin à convaincre le bibliothécaire mais n'obtient que la somme de 1 200 francs !

Indépendamment de la valeur marchande, il faudra quelques décennies avant que le manuscrit autographe ne soit considéré comme une source première : à cet égard, l'édition du *Don Giovanni* réalisée en 1887 à partir du manuscrit autographe conservé à Paris fait date. Elle est, en quelque sorte, l'aboutissement d'une prise de conscience que la conception originelle de l'œuvre doit être connue et respectée. On trouve déjà cette exigence énoncée par Berlioz aussi bien à propos des symphonies de Beethoven qu'à propos des opéras de Gluck. Dans un feuilleton du 27 janvier 1834 visant le musicographe François-Joseph Fétis, Berlioz met sa plume combative au service d'une exigence d'exactitude et s'insurge contre une correction malencontreusement ajoutée à l'édition des symphonies, notamment dans l'adagio de la *Cinquième symphonie en ut mineur*[2].

Quant à Gluck, Berlioz révère le réformateur de l'opéra classique et connaît sa musique de façon approfondie. Dans sa jeunesse, en 1822, il recopie soigneusement des passages entiers d'*Iphigénie en Aulide* et d'*Iphigénie en Tauride*[3] ; quelques décennies plus tard, en 1859, il prépare la reprise d'*Orphée* pour le Théâtre-Lyrique avec la complicité de la cantatrice Pauline Viardot. Deux ans plus tard, ses principes de fidélité au texte original le conduisent à renoncer à participer au projet de reprise d'*Alceste* à l'Opéra de Paris, avec la même Pauline Viardot, dès lors que celle-ci songe à introduire des modifications majeures dans son rôle : « La fidélité absolue d'interprétation pour les opéras de Gluck est aussi nécessaire que pour les œuvres des grands poètes dramatiques, et il est aussi révoltant et insensé de dénaturer ses mélodies et ses récitatifs en y ajoutant des notes, en en changeant des cadences finales, qu'il le serait d'ajouter des mots ou de changer des rimes dans les vers de Corneille[4]. » Il a été démontré qu'en dépit de cette profession de foi, Berlioz a arrangé de façon sensible le texte

---

2 Hector Berlioz, *Critique musicale*, Paris, Buchet-Chastel, 1996, t. I, 1823-1834, p. 144. Il s'agit de l'édition destinée à la Société des concerts du Conservatoire, fondée en 1828 (*Collection des symphonies de L. van Beethoven en grande partition. Édition dédiée à la Société des concerts de l'École royale de musique. Et revue par Mr Fétis, professeur de composition et bibliothécaire de cet établissement*) Paris, Farrenc, 1828-1829. **3** Voir le catalogue, exposition *Berlioz, la voix du romantisme*, Paris, BNF, 2003, n° 18. **4** Lettre à Alphonse Royer, directeur de l'Opéra [Paris, 31 mai 1861] dans Hector Berlioz, *Correspondance générale éditée sous la direction de Pierre Citron*, Paris, Flammarion, 1972-2003 : t. VI, 1995 (1859-1863), lettre 2553.

d'*Orphée* en empruntant des éléments à la version viennoise italienne et à la version française de l'œuvre, en faisant quelques coupures et en changeant l'orchestration de certains airs. Il a créé ainsi une nouvelle « version originale » qu'il considérait plus fidèle à l'esprit initial de l'œuvre et qui a été récemment réhabilitée par les soins de Joël-Marie Fauquet dans la nouvelle édition des œuvres complètes de Berlioz[5].

La destinée des manuscrits autographes des trois principaux représentants de la première école de Vienne, Haydn, Mozart, Beethoven, est très représentative de cette prise de conscience progressive et de cette « iconisation » d'un type de document considéré *a priori* comme essentiellement utilitaire. Nous tenterons de l'esquisser grâce aux manuscrits conservés actuellement au département de la Musique.

Franz Joseph Haydn (1732-1809)

La Bibliothèque nationale de France possède plusieurs importants manuscrits de Haydn, celui de l'opéra *La Vera Costanza*, de la symphonie *Oxford* ainsi que de plusieurs symphonies « parisiennes ».

Le premier provient du fonds du Théâtre italien et fut acquis par le bibliothécaire du Conservatoire, Jean-Baptiste Weckerlin, lors d'une vente aux enchères en 1879 :

« Le théâtre italien a eu sa bibliothèque musicale vendue aux enchères publiques, rue Drouot. Le Conservatoire n'est pas resté indifférent à cette vente, à la suite de laquelle les partitions d'orchestre de Verdi que l'on ne possédait pas encore sont venues occuper leur place dans nos rayons. Bien au-delà de deux cents partitions ou lots de partitions, ont été acquises, surtout, des œuvres de compositeurs du siècle dernier, entre autres l'opéra autographe de Joseph Haydn *La Vera Costanza*, joué à Eisenstadt chez le prince Nicolas Esterhazy ; cette œuvre porte la date de 1785[6]. »*

* ill. 30

L'opéra, écrit pendant l'année 1778, fut créé le 25 avril 1779 à Esterhaza. Le premier manuscrit de Haydn ayant été détruit pendant un incendie, celui de Paris correspond à la reprise de 1785. Écrit en partie de la main de Haydn avec l'assistance de trois copistes, il fut envoyé à Paris pour une série de représentations données en 1791 au Théâtre de Monsieur dans une adaptation française et sous le titre de *Laurette*[7]. L'intrigue « froide » désorienta le public parisien qui ne reconnut pas « l'originalité piquante » à laquelle il était accoutumé de la part de Haydn : « Il semble que le génie de ce symphoniste célèbre, amoureux de l'indépendance, perde toute sa force sous le joug des paroles[8]. »

---

5 Voir Joël-Marie Fauquet, « Berlioz and Gluck » dans *The Cambridge Companion to Berlioz* ed. by Peter Bloom, Cambridge, Cambridge University Press, 2000, et l'édition critique par Joël-Marie Fauquet dans New Berlioz Edition. **6** Jean-Baptiste Weckerlin, *Bibliothèque du Conservatoire national de musique et de déclamation, Catalogue bibliographique*, Paris, Firmin-Didot, 1885, p. XXVII. **7** Voir Marc Vignal, *Joseph Haydn*, Paris, Fayard, 1988, p. 215-217, 275, 1031-1036. **8** Alessandro di Profio, *La Révolution des Bouffons. L'opéra italien au Théâtre de Monsieur 1789-1792*, Paris, CNRS Éditions, coll. « Sciences de la musique », 2003, p. 394.

30 Joseph Haydn, *La Vera Costanza*. Partition. Manuscrit autographe, 1785.
BNF, Musique, Ms. 1383-1384.
Dernière page : « Fine dell'opera. Laus Deo 785 ». Les partitions manuscrites du XVIIIe siècle, autographes ou non, portent souvent la mention « Laus Deo ».

La présence du manuscrit autographe de la symphonie *Oxford* (Hob. I, 92) dans les collections de la Bibliothèque nationale de France est due à un hasard fortuit[9]. Cette symphonie fait partie d'un groupe de trois commandées par un riche amateur parisien, le comte d'Ogny, dont on connaît, grâce à un catalogue thématique détaillé, l'importante bibliothèque musicale malheureusement perdue[10]. Cette symphonie tient son appellation de sa première exécution qui aurait eu lieu lors de la réception de Haydn comme docteur *honoris causa* de l'université d'Oxford en septembre 1791. Le manuscrit est en fait daté de 1789, date proche de l'édition parue chez Leduc en 1790 par souscription et sous le « label » de la Loge olympique[11]. En revanche, le manuscrit autographe de la symphonie *L'Ours* (Ms. 137, Hob. I, 82) provient bien du comte d'Ogny, son commanditaire, de même que les autres manuscrits des symphonies dites « parisiennes » (Hob. I, 83, 86 et 87, Rés. Vm⁷ S41, 1-3), qui ont appartenu au compositeur Sigismond Neukomm, élève de Haydn★.

★ ill. 31

9 BNF, Musique, Rés. Vma. ms. 852. L'abréviation Hob. fait référence au catalogue thématique des œuvres de Joseph Haydn par Anthony van Hoboken, Mayence, B. Schott's Söhne, 1957-1971. **10** Barry S. Brook, *Thematic Catalogues in music*, 2e éd., Stuyvesant, Pendragon Press, p. 307-310. **11** BNF, Musique, D. 16426 (33). Cotage 191. Deux parties : cor I et basson. « Du Répertoire de la Loge olympique. Symphonie périodique n° 8 ». Une autre édition de Sieber (BNF, Musique, D. 16785) comprend 11 parties séparées.

31 Joseph Haydn, Symphonie *L'Ours* (Hob. I, 82). Partition. Manuscrit autographe.
BNF, Musique, Ms. 137.
Provenances : comte d'Ogny, Jean-François Tapray, organiste du roi, Charles Malherbe.

La présence de nombreuses éditions de symphonies de Haydn dans les collections de la Bibliothèque nationale de France nous permet d'aborder la question du rôle de l'édition dans la diffusion des œuvres des compositeurs allemands en France à la fin du XVIIIe siècle.

Les symphonies de Haydn sont éditées à Paris peu de temps après leur date de composition. Les premières paraissent sous un titre standard : *Symphonie périodique* ou *Symphonie périodique à plusieurs instruments* qui précise le plus souvent l'orchestration de façon assez explicite, par exemple : *13e Simphonie périodique à deux violons, alto et basse, deux hautbois et deux cors* (Hob. I, 48). On retrouve souvent les mêmes noms d'éditeurs : Sieber, Venier, Imbault ou de graveurs comme Mlle de Silly. Toutes ces symphonies paraissent sous forme de parties séparées, donc en vue d'un usage pratique immédiat et à destination d'un orchestre ou d'un ensemble d'amateurs. Certaines d'entre elles font aussi l'objet d'un arrangement pour un petit effectif de chambre, à l'exemple de la symphonie Hob. I, 47, « arrangée pour clavecin ou piano forte avec accompagnement d'un violon ou d'un violoncelle » et publiée sous cette forme en 1783. Ces éditions sont abondamment annoncées dans la presse de l'époque, notamment dans le *Journal de Paris*, le *Mercure de France*, la *Gazette de France* et les *Annonces, affiches et avis divers*[12].

L'exécution au Concert spirituel joue également un rôle important pour la diffusion de ces œuvres. Fondé en 1725 par Anne Danican Philidor, le Concert spirituel fonctionne pendant les périodes de fermeture de l'Académie royale de musique – l'Opéra –, notamment le Carême. Le programme, primitivement consacré à des œuvres de musique sacrée, motets à grand chœur et petits motets, s'élargit très vite à un répertoire profane, soit des cantates à voix seule, soit des œuvres instrumentales. Au cours des premières décennies du siècle, le Concert spirituel devient aussi une tribune pour les plus grands virtuoses. Dans les années 1760-1770, sous l'impulsion de ses directeurs, il sert à propager de nouvelles formes musicales, comme la symphonie concertante. En bénéficient d'abord les compositeurs de l'école de Mannheim, Carl Stamitz, Johann Stamitz, puis, plus largement, des compositeurs de l'école allemande. La première œuvre de Haydn est jouée au Concert spirituel le 7 avril 1773 ; la dernière le 13 mai 1790, date symbolique qui est aussi celle de la dernière séance du Concert spirituel après 65 années d'existence. Entre ces deux dates, les œuvres de Haydn auront été exécutées 256 fois, le chiffre le plus élevé pour un compositeur étranger à comparer avec les 456 exécutions de motets de Delalande mais pendant 65 années[13]. L'imprécision des programmes du concert ne permet pas de savoir quelles symphonies ont connu une telle faveur. On voit parfois la mention « symphonie très connue » ou « nouvelle symphonie ». C'est ici que les informations données par l'édition s'avèrent précieuses. En effet, l'exécution au Concert spirituel sert parfois d'argument publicitaire pour une publication. La symphonie n° 63, *La Roxolane*, « première symphonie exécutée plusieurs fois au Concert spirituel », est arrangée pour clavecin ou forte-piano avec accompagnement de deux violons et basse par Charles Fodor. Celui-ci récidive en 1784-1785 avec les symphonies 68, 71, 77.

L'orchestre du Concert spirituel, formé de professionnels, n'est pas le seul à inscrire Haydn dans ses programmes. L'orchestre de la Loge olympique formé lui de professionnels et d'amateurs distingués sera aussi un excellent propagateur de la musique de Haydn. Un groupement de symphonies (n° 83 dite *La Poule*, 87, 85, 82 dite *L'Ours*, 86 et 84) sort par les soins de l'éditeur Imbault en 1788 avec un numéro global d'opus n° 51 et avec le titre *Du Répertoire de la Loge Olympique… Gravé d'après les partitions originales de ces sinfonies appartenant à la Loge olympique*. Cette édition offre un jeu complet de douze parties séparées ; de plus, les amateurs peuvent acheter chaque symphonie séparément : tout est

---

12 Anik Devriès-Lesure, *L'Édition musicale dans la presse parisienne au XVIIIe siècle. Catalogue des annonces*, Paris, CNRS Éditions, coll. « Sciences de la musique », 2005, p. 248-256. On relève 56 références pour les symphonies, plus de 45 références pour la musique de chambre (y compris quintettes, quatuors, duos et arrangements), 24 pour les œuvres, sonates, concertos, pour clavecin ou forte-piano, 18 références pour la musique vocale dont 9 pour *La Création*. **13** Constant Pierre, *Histoire du Concert spirituel 1725-1790*, Paris, Société française de musicologie, 1975, p. 222.

conçu selon les besoins des musiciens praticiens[14]. Ce mode de présentation standardisé ne correspond pas à ce que l'on connaît des préoccupations de Haydn concernant l'adéquation entre salle et effectif. En effet, on a pu démontrer combien Haydn tenait compte dans les modes d'écriture de ses symphonies de l'espace acoustique auquel elles étaient destinées. La différence entre les salles dont il dispose comme maître de chapelle adjoint des princes Esterhazy, soit au château d'Eisenstadt soit au château d'Esterhaz, et les salles de concerts publics à Londres – les Hanover Square Rooms, le Concert Hall et, enfin, le King's Theatre –, se traduit par des différences d'effectifs importantes[15] : l'orchestre oscille entre seize et vingt-neuf musiciens pour les symphonies destinées à la musique « de cour » et entre trente-cinq et cinquante-neuf pour les œuvres destinées aux concerts publics. C'est d'ailleurs la jauge de l'orchestre du Concert spirituel à l'époque de son dernier directeur Joseph Legros.

Les arrangements pour clavier de ces symphonies se multiplient par les soins d'autres musiciens ; Charles Fodor, Louis Rigel, Ludwig Lachnith, ou l'organiste Jean-Jacques Beauvarlet-Charpentier se sont fait, dans les années 1780, une spécialité de cette pratique qui témoigne aussi de la popularité du compositeur.

Comment les œuvres de Haydn parvenaient-elles à Paris ? Les éditeurs parisiens reprenaient-ils des éditions viennoises dans une démarche analogue à celle des éditeurs de madrigaux que nous avons déjà évoquée ? Les symphonies de Haydn circulaient-elles sous forme de manuscrits provenant des ateliers de copistes viennois ?

Cette vision positive d'une diffusion de l'œuvre de Haydn par l'édition parisienne doit cependant être nuancée. En effet, de nombreuses publications paraissent de mauvaise qualité ou bien attribuent à Haydn des œuvres qui ne lui appartiennent pas. Ceci est dû aux conditions bien particulières de la diffusion des œuvres du compositeur[16]. Il existe peu d'éditeurs de musique à Vienne jusque vers les années 1760. La diffusion des premières œuvres de Haydn se fait par l'intermédiaire de copies manuscrites réalisées au sein d'officines de copistes. Les premières datant de la fin des années 1750 diffusent des pièces de musique de chambre destinées à des amateurs nobles. La plus ancienne copie retrouvée au château de Krumlov concerne la *Symphonie n° 37 en ut*. Une copie du *Concerto pour clavecin ou piano en ré majeur* (Hob. 18, 11) est due au copiste viennois Johann Radnitzky (mort en janvier 1790). Il a envoyé à Londres les copies des *Symphonies 76, 77 et 78*. Les plus importants ensembles de copies retrouvés proviennent des familles Morzin et Festetics, le comte Festetics ayant récupéré la bibliothèque du lieutenant-colonel von Fürnberg. Certaines portent des corrections et ajouts de Haydn. Les grandes abbayes autrichiennes, importants

---

14 *Violino* I, *violino* 2, *alto, basso, flauto, oboe* 1 ; *oboe* 2, *fagotto* 1 et 2, *cor* 1, *cor* 2, *clarinetto* 1 et 2, *timpani*. BNF, Musique, Vm 7 1611. **15** Voir Michael Forsyth, *Architecture et musique : l'architecte, le musicien et l'auditeur, du 17ᵉ siècle à nos jours*, traduit de l'anglais par Malou Haine et Philippe Haine, Liège, Bruxelles, P. Mardaga, 1985. La salle d'Eisenstadt a 38 mètres de long, celle d'Esterhaz, 15 mètres pour un public de 200 personnes. **16** Voir Marc Vignal, *Joseph Haydn*, Paris, Fayard, 1988, chapitre VI, p. 182 et suiv. L'auteur donne p. 194-197 de nombreux exemples de ces « manipulations ».

32 *Sinfonie a piu stromenti composte da vari autori mis au jour par M. Venier… Ces simphonies se vendent séparément ou ensemble selon la volonté des amateurs*, Paris, Venier, Lyon, les frères Le Goux, 1764.
BNF, Musique, H. 118 a.
Partie de premier violon.
Contient la première édition en France d'une symphonie de Joseph Haydn
(*Sinfonie XIV del sig. r Heyden*, Hob. I, 2, en *ut* majeur).

foyers musicaux et culturels, ont pu commanditer aussi des œuvres et les faire copier sur place. C'est le cas à Göttweig, Kremsmünster et Melk. Les catalogues de l'éditeur Breitkopf de Leipzig publiés entre 1762 et 1787 rendent compte de la diffusion progressive de l'œuvre de Haydn en Europe, sachant que la primeur revient aux éditeurs parisiens★.

* ill. 32

La situation change à la fin des années 1770 lorsque Haydn bénéficie de l'éclosion de l'édition musicale à Vienne, avec la création de firmes comme Artaria, qui deviendra le principal diffuseur de ses œuvres. Ceci n'empêche pas que circulent des versions corrompues de ces pièces, phénomène repris comme argument publicitaire par certains éditeurs parisiens. Une petite bataille entoure ainsi la publication de la partition de l'oratorio *La Création*, en 1800. Tandis qu'Imbault « a l'honneur de prévenir le public qu'il vient de recevoir la fameuse partition de l'Oratorio de Haydn : La Création du Monde » selon l'annonce parue en septembre 1800, l'éditeur Ignace Pleyel revendique l'authenticité : « La grande partition va paraître d'ici à 15 jours, elle contiendra environ 320 planches. On l'offre au public par souscription… Il est à observer que le Citoyen Pleyel offre à la fois une traduction françoise et italienne. Il ose assurer que la valeur des notes d'Haydn et surtout ses phrases musicales n'y sont point altérées. La composition d'Haydn n'a subi aucun changement[17]. »

La renommée européenne de Haydn sans égale à l'époque se lit aussi dans la multiplicité des éditeurs qui recherchent ses œuvres, qu'ils soient à Berlin, Amsterdam, Paris ou Londres. Le monde musical anglais représente pour Haydn un réseau d'organisateurs de concert, d'interprètes, d'éditeurs de musique, de facteurs d'instruments, dont les activités sont étroitement articulées. Un même ensemble d'œuvres paraît le plus souvent avec des titres et des numéros d'opus différents : tous les moyens sont bons, de la part des éditeurs, pour mettre en valeur la « fraîcheur » de leur production. Dans ces conditions, le compositeur devient lui-même le gardien de sa propre production : ainsi Haydn et Mozart tiennent un catalogue de leurs œuvres. Pour Mozart, la voie a été tracée par son père Léopold, soucieux de mettre en valeur la production de l'enfant prodige[18]. Le catalogue conservé au département de la Musique donne la liste des œuvres achevées jusqu'en 1768 et copiées de la main de Mozart★. Cette précoce attestation d'authenticité de manuscrits de la main de Mozart se termine par l'offertoire à 4 voix (K. 47).

* ill. 33

Mozart lui-même poursuivra cette « mise en ordre » avec le catalogue qu'il tient à Vienne depuis février 1784 jusqu'au 15 novembre 1791[19], trois semaines avant sa mort.

---

17 Anik Devriès-Lesure, *L'édition musicale dans la presse parisienne…*, Paris, CNRS Éditions, 2005, p. 255. **18** BNF, Musique, Ms. 263. Legs Malherbe. *Verzeichnis alles desjenigen was dieser 12 Jahrige Knab seit seinem 7tes Jahre componiert und in original Hand aufgezeichnet werden* (« Catalogue de tout ce que cet enfant de 12 ans a composé depuis l'âge de 7 ans et écrit de sa main »). **19** Il fait partie de la collection Stefan Zweig appartenant à la British Library.

33 Léopold Mozart, « Verzeichnis alles desjenigen was dieser 12 Jahrige Knab seit seinem 7tes Jahre componiert und in original Hand aufgezeichnet werden ». Manuscrit, 1768.
BNF, Musique, Ms. 263. Legs Malherbe.

Wolfgang Amadeus Mozart (1756-1791)

On connaît plus de quatre cents autographes de Mozart dont une cinquantaine actuellement conservés à la Bibliothèque nationale de France[20]. En l'absence d'une étude globale de ces manuscrits analogue à celle qui a été réalisée pour la British Library[21], il est possible d'esquisser leur histoire, notamment grâce à deux expositions qui les ont largement mis en valeur. Beaucoup sont arrivés à la fin du XIXe siècle dans les collections de la bibliothèque du Conservatoire, alors qu'ils étaient déjà considérés comme des objets de collection. La plupart proviennent de la collection de Charles Malherbe (1853-1911), une personnalité essentielle de la vie musicale à la fin du XIXe siècle, encore mystérieux, bibliothécaire de la bibliothèque de l'Opéra qui accueille en 1900 le premier congrès de musicologie organisé en France, et l'un des éditeurs de la première édition des œuvres complètes de Rameau.

Il est aisé de faire le lien avec les éditions françaises de Mozart et avec les séjours qu'il fit en France puisqu'il vint chercher la consécration à Paris, au cours de trois séjours, en juin 1763 - avril 1764, mai-juillet 1766 et mars-septembre 1778.

À la veille de Noël 1763, Wolfgang et sa sœur Nannerl sont reçus avec sympathie à la cour de Louis XV. Aussi, la première œuvre de Mozart publiée – son opus I dans le catalogue de Léopold – l'est à Paris en 1764 avec une dédicace à Madame Victoire de France, l'une des filles de Louis XV, excellente musicienne :

« Maintenant 4 sonates de M. Wolfgang Mozart sont chez le graveur. Imaginez-vous le bruit que feront les sonates dans le monde, lorsqu'on verra sur la page de titre que c'est l'œuvre d'un enfant de 7 ans », écrit Léopold Mozart le 1er février 1764[22]★.

* ill. 34

Ces sonates K. 6-7 pour piano et violon sont suivies des deux sonates de l'œuvre II (K. 8-9), composées à Paris entre novembre 1763 et janvier 1764, gravées à Paris et dédiées à la comtesse de Tessé, dame de chambre de la dauphine Marie-Josèphe de Saxe. Léopold Mozart a copié l'allegro de la *Sonate K. 8 en si bémol majeur*, composée le 21 novembre 1763, dans le livre d'esquisses de Mozart âgé de 7 ans, fragment manuscrit qui provient du legs de Charles Malherbe (Ms. 238). Certains manuscrits gardent le souvenir de pièces composées sur des thèmes populaires ou des airs galants français : *Variations sur la bergère Célimène, sur la Belle françoise* et sur *Au bord d'une fontaine*[23]. Si l'on n'a jamais retrouvé le manuscrit de la symphonie concertante de Mozart jouée au Concert spirituel lors de son séjour de 1778, on peut néanmoins rapprocher de celui-ci les deux fragments d'un ballet-pantomime inspiré par Noverre où Mozart a reporté en français les éléments de l'argument (K. 446, Ms. 251 et 252).

---

[20] Robbins Landon, *Dictionnaire Mozart*, Paris, 1991, p. 224 et suiv. [21] Voir Alec Hyatt King, *A Mozart Legacy. Aspects of the British Library collections*, Londres, The British Library, 1984. Le catalogue de l'exposition *Mozart en France* de François Lesure (Paris, BN, 1956) représente pour l'instant la meilleure approche. [22] Wolfgang Amadeus Mozart, *Correspondance*, réunie et annotée par Wilhelm A. Bauer, Otto Eric Deutsch et Joseph Heinz Eibl, édition française établie par Geneviève Geffray, Paris, Flammarion, 1986-1991. [23] BNF, Musique, Ms. 218 (1), Ms. 218, Ms. 228(2).

34 Wolfgang Amadeus Mozart, *Sonates, pour le clavecin, qui peuvent se jouer avec l accompagnement de violon… Œuvre première*. Gravées par Mme Vendôme… Paris, aux adresses ordinaires, [1764]. BNF, Musique, Rés. 866.
Exemplaire relié aux armes de Madame Victoire, fille de Louis XV.
K. 6, 7. Parties de violon et de clavecin.

Deux manuscrits portent témoignage de la première grande tournée italienne de Mozart : l'air *Se ardire e speranza*, sur un texte extrait du *Demofoonte* de Métastase (K. 82, Ms. 237), composé à Rome fin avril 1770 et le manuscrit de *Mitridate, Re di Ponto* (K. 87), *opera seria* à numéros, soit vingt-cinq airs et récitatifs pour solistes, créé à Milan le 26 décembre 1771. Ce manuscrit en partie de la main de Léopold et en partie de celle de Mozart[24], présente pour certains airs une version ancienne.

Parmi les œuvres composées à Salzbourg figurent les *19 menuets pour orchestre* K. 103 (printemps-été 1772, Ms. 240), une œuvre religieuse, *Vesperae de Dominica* K. 321 (Salzbourg, 1779, Ms. 217), et la *Symphonie n° 34 en ut majeur* (K. 338), qui porte la date du 29 août 1780 (Ms. 227).

La période viennoise est représentée par des pièces majeures du répertoire de la musique de chambre : le *Quintette en mi bémol* pour piano-forte, hautbois,

[24] BNF, Musique, Ms. 244.

clarinette, cor et basson K. 452 (Vienne, 30 mars 1784, Ms. 221) et le trio dit *des Quilles* en *mi* bémol pour piano forte, clarinette et alto K. 498 (Vienne 5 août 1786, Ms. 222). D'autres manuscrits rappellent que Mozart mène à Vienne une vie de concertiste indépendant qui se produit dans les cercles musicaux : un fragment d'une sonate pour deux clavecins ou piano-forte qui aurait été composée pour l'académie de Aurnhammer (K. suppl. 42) Vienne, 1782 (Ms. 245) et la cadence pour le premier mouvement du *Concerto en la majeur* pour pianoforte et orchestre (K. 488), Vienne 2 mars 1786 (Ms. 226).

Parmi les pièces vocales figurent des projets inachevés comme un air pour *Il regno delle Amazoni* et l'air *Nun der liebes Weibchen*. Quelques récitatifs et l'air *Cosi dunque tradisci* pour basse et accompagnement d'orchestre K. 432 (Vienne, 1783, Ms. 232).

Une des caractéristiques des méthodes de travail de Mozart n'est pas la présence de brouillons ou d'esquisses mais plutôt de nombreuses pièces soit inachevées soit susceptibles de s'insérer dans une forme plus vaste et pour lesquelles Mozart n'a pas trouvé de pièce associée.

Par exemple l'allegro de la *Sonate en ut* pour clavecin et violon (K. 403) portant la dédicace « Pour ma très chère épouse », datant de Vienne, août ou septembre 1782[25]. Les manuscrits les plus corrigés témoignent d'un travail sur les techniques du contrepoint qu'il avait développées auprès du baron van Swieten : une *Fugue en ut majeur* pour piano-forte (K. 394) et les *Canone a due violini, viola e basso* (K. 562 c, Ms. 254).

À la mort de Léopold en mai 1787, les manuscrits restés à Salzbourg furent envoyés à Vienne où Mozart résidait depuis 1781. Après la mort de Mozart en 1791, ils restèrent entre les mains de Constance, sa veuve, pendant plusieurs années jusqu'à ce que des projets d'éditions d'œuvres complètes se présentent. Dans ce but, l'éditeur Breitkopf acheta à Constance en 1799 une quarantaine de manuscrits. La même année, elle céda à un autre éditeur, Johann Anton André d'Offenbach-sur-le-Main, le reste des autographes. André conserva ses manuscrits, à l'exception d'un groupe de pièces vendues au facteur d'instruments Johann Andreas Stumpff, qui résidait à Londres. En 1842, André proposa sa collection aux cours de Vienne, Berlin et Londres. À sa mort en 1843, elle fut répartie entre ses héritiers. De même, à la mort de Stumpff en 1847, ses manuscrits firent l'objet d'une vente. Certains se trouvent à la British Library dont les dix derniers quatuors.

André publia quelques pièces « d'après les manuscrits originaux » comme la *Fantaisie* et la *Sonate en ut mineur* K. 475 et 457, observant d'ailleurs en l'occurrence un regroupement déjà opéré dans la première édition de 1785 chez Artaria à Vienne. Mozart est peut-être le premier compositeur pour lequel on possède un ensemble de manuscrits autographes correspondant aux différentes étapes d'élaboration d'une œuvre, depuis les esquisses jusqu'aux éditions. Ainsi,

---

25 BNF, Musique, Ms. 232.

le manuscrit de travail de la *Sonate* K. 457 *en ut mineur* conservé au Mozarteum de Salzbourg depuis 1990, après avoir appartenu à un séminaire baptiste aux États-Unis[26], est déjà extrêmement précis pour les liaisons et les nuances, notamment les f p (*forte piano*). Pour cette sonate, l'étude du manuscrit a établi que le premier et le troisième mouvement furent écrits à des moments différents. Plusieurs mains apparaissent pour la foliotation, celle de Mozart, de l'éditeur André, du second époux de Constance, Nissen, peut-être de Stumpff. Ses propriétaires successifs ont donc créé une sorte de pseudo-manuscrit autographe auquel la fondation du Mozarteum a maintenant rendu sa véritable histoire. Dans ce manuscrit, Mozart avait prévu, à la fin du rondo, une première fin puis il s'est ravisé et a ajouté 19 mesures. À la dernière portée, il a déplacé les octaves suggérant qu'il avait écrit d'abord une version «facile», qui se trouve aussi dans la première édition, puis une version «plus difficile», qui figure dans le manuscrit définitif.

26 Wolfgang Amadeus Mozart, *Fantasie und Sonate c-Moll für Klavier KV 475 + 457. Faksimile nach dem Autograph in der Bibliotheca Mozartiana Salzburg. Einführung von Wolfgang Plath und Wolfgang Rehm…*, Salzbourg, Internationale Stiftung Mozarteum, 1991.

35 Wolfgang Amadeus Mozart, *Don Giovanni*. Manuscrit autographe, 1787-1788.
BNF, Musique, Ms. 1548, p. 116.
Début du finale de l'acte I. Mozart renvoie à un feuillet contenant les parties d'instruments à vent, aujourd'hui disparu.

L'histoire des manuscrits de Mozart permet aussi de comprendre pourquoi et comment un manuscrit aussi exceptionnel que la partition autographe de *Don Giovanni* – plus de 500 pages de musique – se trouve dans les collections de la Bibliothèque nationale de France.

Elle fut acquise par la cantatrice Pauline Viardot puis donnée à la bibliothèque du Conservatoire. Pauline Viardot fit relier chacun des huit fascicules et commanda un coffret en bois précieux digne de son contenu. Les quelques indices laissés par des mentions de dates ont été complétés par l'étude fine des papiers et des filigranes. De même, les nombreuses indications de coupures, les modifications attestent l'évolution de l'œuvre avant sa création à Prague le 29 octobre 1787, puis des adaptations réalisées pour les représentations de Vienne, en mai 1788. Deux airs, l'aria de Don Ottavio, *Dalla sua pace*, et l'air d'Elvire, *In quali eccessi o Numi*, sont datés respectivement des 24 et 30 avril 1788. La partition offre cependant quelques lacunes : les parties de vents ajoutées sur des feuillets externes ont été perdues, une partie de la scène du cimetière et le duo *Per queste tue manine* n'y figurent pas*.

* ill. 35

L'une des grandes difficultés que présentent les manuscrits de Mozart est liée aux questions soulevées par leur datation : la simple consultation des éditions du catalogue thématique primitivement préparé par Köchel et dans lequel les œuvres ont été classées dans un ordre chronologique soumis perpétuellement à révision est à cet égard éloquente. Les conclusions données au XIXe siècle et s'appuyant sur les caractéristiques de son écriture et son évolution ont été revues au cours de la seconde moitié du XXe siècle notamment grâce à l'étude des filigranes[27]. Des questions analogues se présentent à l'examen des manuscrits de Beethoven, mais d'une façon encore plus complexe en raison de leur dispersion.

Ludwig van Beethoven (1770-1827)

Selon le musicologue allemand Max Unger[28], l'ensemble des manuscrits de Beethoven de la bibliothèque du Conservatoire – près de 80 cotes –, maintenant conservé à la Bibliothèque nationale de France, est le plus important en dehors des pays de langue allemande.

Certains de ces manuscrits au premier rang desquels on peut mettre celui – portant de nombreuses corrections – de la sonate *Appassionata* opus 27 (Ms. 20) ont une provenance prestigieuse. L'*Appassionata* a été cédée au Conservatoire par le fils du violoniste Pierre Baillot qui la tenait de la pianiste Hélène Bigot de Morogue. Anton Schindler, l'un des familiers du compositeur,

---

27 La bibliographie mozartienne étant très abondante, nous nous contenterons de citer le nom d'Alan Tyson et de renvoyer à la bibliographie courante publiée dans le *Mozart Jahrbuch*. **28** Max Unger, « Die Beethovenhandschriften der Pariser Konservatoriumsbibliothek » dans *Beethoven Jahrbuch*, 1938, p. 87-123. Liste à compléter avec les travaux de Willy Hess pour l'identification des esquisses dont *Verzeichnis der nicht in der Gesamtausgabe veröffentlichen Werke Ludwig van Beethovens, zusammengestellt für die Ergänzung der Beethoven-Gesamtausgabe*, Wiesbaden, Breitkopf und Härtel, 1957.

avait donné, en 1842, en hommage au Conservatoire de Paris, le manuscrit des mélodies réunies sous le titre *Schottische Lieder* (Ms. 24). Parmi les plus importants manuscrits figurent ceux des *Variations à 4 mains sur un thème du comte Waldstein*, la *Fugue pour quintette à cordes opus 137* (Ms. 27), le *Trio à cordes opus 3* (Ms. 28) provenant du virtuose Sigismond Thalberg, la *Bagatelle en ut majeur pour piano* (Ms. 29), la mélodie *An die Geliebte* (« À la bien-aimée ») (Ms. 31) et, enfin, trois feuillets de grand format et de couleur bleutée provenant du manuscrit du final de la *Neuvième symphonie* (Ms. 43).

À ces trésors s'ajoutent une cinquantaine d'esquisses, la plupart achetées en vente publique à Paris, le 14 mai 1881, par Charles Malherbe et provenant du collectionneur viennois Johann Kafka, qui les aurait lui-même acquises en 1875 d'Artaria. Elles concernent la totalité des genres traités par Beethoven, symphonies, messes, mélodies, musique de chambre. Les analyses conduites par Alan Tyson[29] sur les caractéristiques des papiers à musique employés, dimensions, nombre de portées par page, éléments de découpes, lui ont permis de reconstituer des fragments de cahiers d'esquisses révélateurs des méthodes de composition de Beethoven que l'on pourrait résumer ainsi : ne jamais laisser échapper une idée musicale, avoir toujours à portée de crayon sur une petite table près du piano les papiers sous forme de carnet déjà relié ou plus simplement de quelques feuillets pliés, sur lesquels il note à la volée les éléments de thèmes, leur transformation et leurs combinaisons harmoniques possibles, enfin, conserver soigneusement toutes ces traces écrites. Beethoven peut ainsi travailler simultanément à plusieurs œuvres.

Pour certaines œuvres comme l'avant-dernier *Quatuor opus 131 en ut dièse mineur*, les esquisses montrent que le compositeur élabore l'ensemble de l'œuvre et non pas les mouvements séparément*.

* ill. 36

Il fut commencé à la fin de 1825. Beethoven y travailla pendant les six premiers mois de 1826, à l'exception d'une interruption due à la maladie, en février-mars. L'œuvre aurait été terminée le 20 mai. Près de 200 feuillets d'ébauches subsistent, correspondant à trois types de papiers, dont chacun a pu être utilisé pour une esquisse complète de l'œuvre[30]. D'après le catalogue de Georg Nottebohm (1868), le manuscrit préparatoire qui portera le numéro 210 dans le catalogue Artaria de 1893 aurait représenté trois fois le manuscrit final. Il existait aussi un carnet d'esquisses de 30 pages pour le quatrième mouvement envoyé par Anton Schindler, le proche disciple de Beethoven, au pianiste Ignaz Moschelès – qui avait réalisé la réduction au piano de *Fidelio* –, à Londres, le 14 septembre 1827.

Les quelques feuillets conservés à la Bibliothèque nationale de France concernent le quatrième mouvement du quatuor, un « Andante ma non troppo e molto cantabile e simplice » suivi de sept variations :

---

29 Alan Tyson, Douglas Johnson and Robert Winter, *The Beethoven Sketchbooks : history, reconstruction, inventory*, Oxford, Clarendon Press, 1985. **30** *Op. cit.*, p. 482 et suiv.

36 Ludwig van Beethoven, *Quatuor op. 131 en do dièse mineur*. Manuscrit autographe, 1825.
BNF, Musique, Ms. 39.
Esquisse de l'adagio.

- esquisse pour la coda de la 7ᵉ variation « allegretto » en forme de choral sous la forme de deux pages – soit 1 feuillet – conservées dans un album d'autographes (W.6, 6), données par Anton Schindler à Mathieu le 9 janvier 1842 ; on peut supposer qu'elles proviennent du carnet d'esquisses mentionné plus haut ;
- deux autres pages (1 f.), esquisses pour la 4ᵉ variation du même andante (Ms. 76, legs Malherbe) ;
- le troisième feuillet (Ms. 39, legs Malherbe) est aussi une esquisse pour les mesures 22 à 38 du même andante. Il correspond à deux feuillets analogues conservés à Berlin et provenant de la succession de Schindler.

Bien que le manuscrit principal complet soit à Berlin (88 feuillets, 161 pages écrites) sur un papier à 10 portées de format oblong, l'extrême parcellisation des sources dont portent témoignage les quelques esquisses conservées à Paris, reflète bien la situation très particulière des manuscrits de Beethoven et surtout le fait qu'ils sont devenus dès la fin du XIXᵉ siècle objet d'échanges et de tractations entre collectionneurs et amateurs avant d'offrir aux chercheurs un extraordinaire matériau pour comprendre la genèse des œuvres.

Hector Berlioz (1803-1869)

Grâce à son immense talent d'écrivain, Berlioz offre, peut-être l'un des premiers, un discours riche et cohérent sur ses méthodes de travail et sur son rapport à l'écrit et à la partition. Dans les *Mémoires* dont il commence à rassembler les matériaux à partir de 1848, de nombreux passages rendent compte des premières fortes impressions musicales puis des méthodes empiriques que le jeune homme passionné de musique met en œuvre au fur et à mesure de sa progression dans les arcanes du langage musical. Dans les lignes qu'il consacre, par exemple, à son apprentissage de l'instrumentation, il se réfère à la lecture de partitions associée à l'écoute :

« [...] j'assistais régulièrement à toutes les représentations de l'Opéra. J'y apportais la partition de l'ouvrage annoncé, et je la lisais pendant l'exécution. Ce fut ainsi que je commençai à me familiariser avec l'emploi de l'orchestre, et à connaître l'accent et le timbre, sinon l'étendue et le mécanisme de la plupart des instruments. Cette comparaison attentive de l'effet produit et du moyen employé à la produire, me fit même apercevoir le lien caché qui unit l'expression musicale à l'art spécial de l'instrumentation ; mais personne ne m'avait mis sur la voie. L'étude des procédés de trois maîtres modernes, Beethoven, Weber et Spontini, l'examen impartial des coutumes de l'instrumentation, celui des formes et des combinaisons non usitées, la fréquentation des virtuoses, les essais que je les ai amenés à faire sur leurs divers instruments, et un peu d'instinct ont fait pour moi le reste[31]. »

---

[31] Hector Berlioz, *Mémoires. Édition présentée et annotée par Pierre Citron*, Paris, Flammarion, coll. « Harmoniques »,1991, chap. XIII, p. 87.

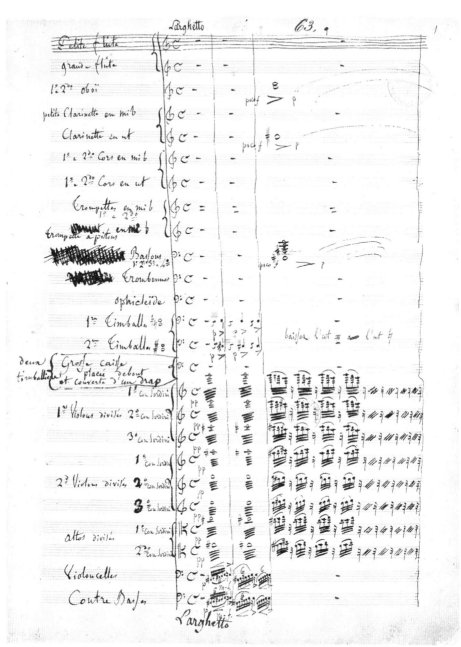

37 Hector Berlioz, *Symphonie fantastique*. Partition. Manuscrit autographe.
BNF, Musique, Ms. 1188.
Début du « Songe d'une nuit de sabbat ». Manuscrit constitué
de papiers différents, correspondant aux remaniements.

Au sein de cet immense texte autobiographique, il est aisé de glaner d'autres indications relativement précises sur l'élaboration de certaines œuvres et sur le travail du compositeur. L'état actuel du manuscrit autographe de la *Symphonie fantastique*, complexe édifice de papiers manifestement d'époques différentes, est confirmé par ces lignes :

« Immédiatement après cette composition sur *Faust*, et toujours sous l'influence du poème de Goethe, j'écrivis ma *Symphonie fantastique* avec beaucoup de peine pour certaines parties, avec une facilité incroyable pour d'autres. Ainsi l'adagio *(Scène aux champs)*, qui impressionne toujours si vivement le public et moi-même, me fatigua pendant plus de trois semaines ; je l'abandonnai et le repris deux ou trois fois. La *Marche au supplice*, au contraire, fut écrite en une nuit. J'ai néanmoins beaucoup retouché ces deux morceaux et tous les autres du même ouvrage pendant plusieurs années[32]. »★

★ ill. 37

Au-delà du travail factuel du compositeur, Berlioz témoigne aussi des émotions violentes qui suscitent l'impulsion créatrice, émotion qui pour une sensibilité nourrie dès l'enfance de la puissance poétique de Virgile peut naître de la lecture d'un poème :

« Ce fut en rentrant chez moi, à la suite d'une de ces excursions où j'avais l'air d'être à la recherche de mon âme, que, trouvant ouvert sur ma table le volume des *Mélodies irlandaises* de Th. Moore, mes yeux tombèrent sur celle qui commence par ces mots : « Quand celui qui t'adore » (*When he who adores thee*). Je pris la plume, et tout d'un trait j'écrivis la musique de ce déchirant adieu, qu'on trouve sous le titre d'*Élégie*, à la fin de mon recueil intitulé *Irlande*. C'est la seule fois qu'il me soit arrivé de pouvoir peindre un sentiment pareil, en étant encore sous son influence active et immédiate. Mais je crois que j'ai rarement pu atteindre à une aussi poignante vérité d'accents mélodiques, plongé dans un tel orage de sinistres harmonies[33]. »

D'autres témoignages sont liés aux espaces qui s'ouvrent à l'imaginaire du voyageur.

Berlioz compose *Lélio* sur les chemins de l'Italie et raisonne déjà en « programmateur » de concert expérimenté. De Rome, il écrit à Thomas Gounet, poète et traducteur de Thomas Moore, auquel il peut demander quelques conseils :

« Je travaille beaucoup ; j'achève en ce moment un mélologue faisant suite à l'épisode de la vie d'un artiste ; ce sera pour être exécuté avec la symphonie et cela complétera un concert. J'ai fait les paroles en venant de St-Lorenzo à Rome, dans mon dernier voyage ; j'avais laissé derrière moi la voiture et en cheminant j'écrivais sur mon portefeuille. La musique est faite[34] aussi. Je n'ai plus qu'à copier[35]. »

Berlioz rend compte aussi généreusement des circonstances dans lesquelles il écrivit *La Damnation de Faust* au cours de son deuxième grand voyage

---

32 Hector Berlioz, *Mémoires*, Paris, Flammarion, 1991, chap. XXVI, p. 149. **33** *Op. cit.*, chap. XVIII, p. 113. **34** *Op. cit.*, chap. LIV, p. 489 et suiv. **35** Hector Berlioz, *Correspondance générale*, I, 1803-1832, texte établi par Pierre Citron, Paris, Flammarion, 1972, p. 456-457, Rome, 14 juin 1831.

d'Allemagne, en 1845-1846, pendant lequel il parcourt aussi l'Autriche et les plaines de Hongrie. Il insiste beaucoup sur l'écriture simultanée du livret et de la musique après avoir terminé l'invocation de Faust à la « Nature immense, impénétrable et fière » : « Une fois lancé, je fis les vers qui me manquaient au fur et à mesure que me venaient les idées musicales, et je composai ma partition avec une facilité que j'ai bien rarement éprouvée pour mes autres ouvrages. Je l'écrivais quand je pouvais et où je pouvais ; en voiture, en chemin de fer, sur les bateaux à vapeur, et même dans les villes, malgré les soins divers auxquels m'obligeaient les concerts que j'avais à y donner. » La partition sera terminée à Paris « mais toujours à l'improviste, chez moi, au café, au jardin des Tuileries, et jusque sur une borne du boulevard du Temple. Je ne cherchais pas les idées, je les laissais venir, et elles se présentaient dans l'ordre le plus imprévu. Quand enfin l'esquisse entière de la partition fut tracée, je me mis à retravailler le tout, à en polir les diverses parties, à les unir, à les fondre ensemble avec tout l'acharnement et toute la patience dont je suis capable, et à terminer l'instrumentation qui n'était qu'indiquée çà et là. » Aucune trace de ce manuscrit de travail quand on contemple l'état achevé de l'autographe. Seuls deux fragments d'esquisses pour l'« Invocation à la nature » ont été retrouvés au verso de collettes (petits fragments de papier collés sur la page originale) utilisées dans le manuscrit de *Harold en Italie*. Quand on sait que Berlioz retravaille les *Huit scènes de Faust* de 1828 et les incorpore à *La Damnation*, on cerne mieux l'une de ses méthodes de travail qui consiste à réutiliser dans un contexte nouveau des matériaux anciens. C'est ce qu'il a fait avec le thème de l'idée fixe de la *Symphonie fantastique*, déjà présent dans la cantate pour Rome, *Herminie*. En 1834, il utilise pour le premier mouvement d'*Harold en Italie* les matériaux thématiques d'une œuvre écrite en 1831, l'*Intrata di Rob-Roy MacGregor* (H 54), commencée à Nice et orchestrée au cours de ses expéditions à Subiaco, dans la campagne romaine, alors qu'il est pensionnaire de la Villa Médicis.

Les sources des œuvres de Berlioz ont attiré l'attention des musicographes dès le début du XXe siècle. Dans les *Berlioziana*, Julien Tiersot mentionnait parmi des sources disparues un carnet d'esquisses. L'auteur du catalogue thématique de ses œuvres, Kern Holoman, dénombre jusqu'en 1840 soixante sources autographes différentes représentant à peu près 3 000 pages[36] et bien plus si l'on considère l'ensemble de sa production. Ses manuscrits musicaux ont connu des fortunes diverses toutefois bien plus favorables que sa correspondance passive (lettres reçues), détruite après le décès de son fils en 1867.

Quand une œuvre était publiée, Berlioz offrait souvent le manuscrit au dédicataire, par exemple, le manuscrit de *Roméo et Juliette* à Georges Kastner ou celui de *Harold en Italie* à Auguste Morel, compositeur et chef d'orchestre qui fit l'essentiel de sa carrière à Marseille. Pour les œuvres restées inédites à

---

36 D. Kern Holoman, *The Creative Process in the Autograph Musical Documents of Hector Berlioz 1818-1840*, Ann Arbor, University microfilms, 1974.

38 Hector Berlioz, *Les Troyens*. Esquisse. Manuscrit autographe.
BNF, Musique, Ms. 20627.
Provenance : collection André Meyer.
Duo chanté par Didon et Enée : « Nuit d'ivresse, nuit d'amour ».
Berlioz a esquissé les éléments de la prosodie, les tonalités et le plan.

la fin de sa vie, *Benvenuto Cellini, La Prise de Troie, Les Troyens à Carthage* et *Béatrice et Bénédict*, Berlioz a eu ce geste magnifique vis-à-vis de la postérité de les léguer par testament au Conservatoire afin qu'ils puissent être un jour connus du public. De même, il a légué à la Société des concerts du Conservatoire les parties séparées de ses œuvres – parfois corrigées – qu'il avait utilisées pour ses concerts.

Le musicologue Kern Holoman répartit les autographes de Berlioz en deux groupes[37] : les copies de travail (par exemple, les feuillets ajoutés à *Roméo et Juliette*) et les copies de présentation ou copies au net, comme celles des cantates de Rome. Il établit une différence fondamentale entre la manière de travailler de Beethoven et celle de Berlioz, grand admirateur du précédent. Berlioz écrit d'un premier jet et revient ensuite sur son manuscrit pour corriger les passages qui ont fait difficulté. On retrouve ce type de démarche sur les manuscrits de la *Symphonie fantastique*, *Benvenuto*, le *Requiem*, *Roméo et Juliette*, avec des coupures, des collettes, des pages ajoutées. Il existe très peu d'esquisses à proprement parler de Berlioz, l'ensemble le plus important conservé concernant *Les Troyens* (70 pages provenant de la collection André Meyer)*.

* ill. 38

Ceci autorise deux hypothèses : ou bien Berlioz n'élaborait pas ses œuvres par l'intermédiaire d'esquisses ou bien il les supprimait après les avoir utilisées. Il n'est pas toujours aisé de distinguer esquisses et brouillons, une esquisse présentant un passage de longueur limitée que le compositeur placera dans une section de la pièce. Kern Holoman a identifié une soixantaine d'esquisses dont certaines préservées sur des collettes. En revanche, aucun brouillon complet qui donnerait la première version d'une œuvre ne subsiste mais il existe des fragments pour *Benvenuto Cellini* et *Roméo et Juliette*.

Berlioz révise soigneusement ses partitions et corrige les épreuves. Au début de sa carrière, on trouve des parties séparées copiées de sa main : on a ainsi découvert dans le matériel de *La Damnation de Faust* quelques parties séparées autographes qui avaient été copiées pour trois des *Huit scènes de Faust* de 1828[38]. Dans certains cas, ces parties séparées sont très différentes de la partition conservée : c'est le cas pour la grande « Scène héroïque » qui célèbre la Révolution grecque (H. 21) dont le manuscrit autographe n'est pas conservé mais seulement une copie provenant du fidèle Humbert Ferrand, ami de jeunesse de Berlioz et poète à ses heures qui donne, contrairement à certaines parties séparées, une version remaniée et plus tardive de l'œuvre[39].

Ensuite, lorsqu'il fait établir les matériels d'exécution d'après les partitions, Berlioz travaille en étroite collaboration avec les copistes et notamment avec Rocquemont. Au cours d'une collaboration de cinquante années dont témoignent de nombreuses lettres, la bonne préparation des matériels pour les concerts à Paris et à l'étranger a reposé sur une mutuelle confiance qui se

37 D. Kern Holoman, *Catalogue of the Works of Hector Berlioz*, Cassel, Bärenreiter, 1987. **38** BNF, Musique, Ms. 17466. Elles font partie du fonds de la Société des concerts du Conservatoire. **39** BNF, Musique, D. 944 pour la partition et L. 17239 pour les parties séparées.

concrétise parfois par un mimétisme des deux écritures. Rocquemont ne travaillait pas que pour Berlioz mais il semble avoir été aussi en relation avec l'atelier de copie de l'Opéra, dirigé par Ambroise-Simon Leborne (1797-1868). La qualité de la copie était très importante pour la préparation d'un concert car elle contribuait par sa lisibilité à faciliter les répétitions et à en réduire le coût.

Les matériels d'exécution peuvent avoir une grande importance quand ils demeurent le seul témoignage de la première version d'une œuvre. C'est le cas pour la version de Paris de *Benvenuto Cellini* puisque Berlioz devait considérablement revoir l'œuvre avec des coupures et des réaménagements, en utilisant son manuscrit initial qu'il adressa à Liszt à Weimar afin qu'il serve de matrice pour les représentations de 1854.

Parmi les nombreuses étapes par lesquelles passe la préparation d'une œuvre, celle des épreuves corrigées est d'autant plus importante dans le cas de Berlioz qu'il peut s'écouler des années entre la première exécution et la publication, tout simplement et le plus souvent pour des raisons financières.

Les papiers utilisés par Berlioz sont de qualité moyenne notamment pour les parties séparées. Pour les belles partitions, il utilisait des papiers hollandais (filigranes : « D. » et « C. Blauw ») ou anglais (filigrane : « Whatman »), de meilleure qualité[40]. Toutefois les caractéristiques de ces papiers jouent un rôle important pour rapprocher les dates de composition ou de remaniement supposées de certaines œuvres. C'est manifeste dans le manuscrit de la *Symphonie fantastique* très composite, l'un des papiers étant proche de celui du manuscrit de *Lélio* (grand format, teinte brune).

Les méthodes de travail de Berlioz

Pour aucune œuvre de Berlioz, il n'existe d'ensemble complet de sources depuis les esquisses jusqu'à la partition. Kern Holoman propose une sorte de schéma idéal de la démarche de Berlioz :
- inspiration, description des intentions ;
- choix du texte ou du livret ;
- premières décisions sur la nature des mouvements, le tempo, les premières idées mélodiques ;
- décisions sur l'effectif vocal et instrumental ;
- parfois réutilisation de musique déjà composée qui peut intervenir à un stade déjà avancé de la composition ;
- esquisses et brouillons ;
- révision de la partition autographe ;
- publication, correction des épreuves, changements du texte publié, réimpression de l'œuvre.

Les corrections peuvent intervenir à l'épreuve des premières répétitions. Dans la *Symphonie fantastique*, il modifie des passages trop difficiles pour les

---

[40] Holoman, *op. cit.*, p. 97.

39 Hector Berlioz, *Harold en Italie*. Partition. Manuscrit autographe.
BNF, Musique, Ms. 1189, p. 119-120 : *Marche des pèlerins chantant la prière du soir*. Le thème (canto), à l'alto puis au second violon.

instrumentistes alors que Berlioz chef d'orchestre a pu constater lui-même les difficultés d'exécution. Un autre type de modification découle naturellement des premières exécutions, il s'agit des coupures qui ont pour but de corriger les longueurs constatées lors d'auditions. Berlioz peut réviser un accompagnement pour parvenir à un meilleur équilibre. Ainsi, il réécrit la partie d'alto et de harpe du premier mouvement de *Harold en Italie*.

Parmi les esquisses des *Troyens* se trouvent des essais de séries d'accords pour des enchaînements modaux. Quand Berlioz révise *Harold*, qui date de 1834, afin de préparer la publication de la partition en 1848, il travaille également sur *La Damnation de Faust* : au verso de collettes de *Harold*, on trouve une esquisse pour *L'Invocation à la Nature*. Pour le convoi funèbre de Juliette, il existe une esquisse envoyée à Bottée de Toulmon, bibliothécaire du Conservatoire, qui avait écrit un article enthousiaste sur le *Requiem*. L'effectif du chœur est changé, quelques modifications de dynamiques ou de doublures d'instruments apparaissent.

Parmi les indications bien spécifiques à Berlioz, figurent les nuances qui participent à la spatialisation du son, jusqu'à quatre pianos pour *la Marche des pèlerins chantant la prière du soir* de *Harold en Italie*[41]★.

* ill. 39

Extrêmement attentif à la qualité des effets sonores qu'il souhaite, Berlioz montre un soin particulier à donner dans la partition d'orchestre et dans les parties instrumentales ou vocales qui serviront aux musiciens un texte aussi précis que possible et proche de ses intentions. Il multiplie les indications de dynamiques, de nuances, d'attaques, de matériaux (les fameuses baguettes d'éponges à utiliser pour les percussions) et recommande l'usage du métronome pour indiquer le mouvement juste.

Cependant, il est bien possible que la rédaction même des articles consacrés aux instruments de l'orchestre, articles qu'il développera dans son grand *Traité d'instrumentation*, publié en 1843, représente une sorte de constat d'échec inavoué : la partition écrite peut-elle seule vraiment rendre compte du phénomène sonore ?

---

41 BNF, Musique, Ms. 1189.

Le compositeur au travail : de Debussy à Xenakis

Nous avons, dès le début du XIXe siècle, vu se définir deux principales « catégories » de compositeurs : ceux qui accumulent notes de travail et esquisses comme Beethoven, ceux qui conçoivent plus ou moins longuement leur œuvre puis, une fois mûrie, la transcrivent déjà aboutie dans un geste systématique comme Mozart. Beaucoup de nuances doivent être apportées à ce schéma trop simple. Il est certain que Mozart également a laissé de nombreuses esquisses, néanmoins, rien de comparable au « laboratoire » du compositeur que représentent les carnets de Beethoven.

Pour éviter l'écueil des simplifications excessives, il vaut mieux poser comme principe que chaque compositeur possède sa propre façon de travailler et que la perception que nous avons de celle-ci dépend pour beaucoup de la quantité et de la qualité des sources conservées et accessibles, sachant que certains musiciens conservent tous leurs matériaux et que d'autres préfèrent garder secrète cette part de leur travail, en la détruisant ou en la dissimulant.

Au XXe siècle apparaissent d'autres éléments, dont l'un, qui nous intéresse particulièrement, est le geste calligraphique du compositeur revendiqué par certains artistes, comme Stravinsky, à l'égal d'une ascèse. Ici le manuscrit musical reflète une vision autant esthétique que pratique du geste du compositeur. À cet égard, Debussy et Stravinsky offrent des affinités quant à leurs méthodes de travail préparatoire. Les relations entre ces deux personnalités, que l'on peut considérer comme les « pères fondateurs » de la musique du XXe siècle, ont fait l'objet de nombreuses études qui, à travers une influence réciproque, mettent en valeur les convergences et les divergences[1]. Debussy rencontre Stravinsky à l'occasion de la création de *L'Oiseau de feu* par les Ballets russes, en juin 1910. Il découvre *Petrouchka* avec admiration, déchiffre une version à quatre mains du *Sacre du printemps*, œuvre pour laquelle il exprimera finalement quelques réserves. Les commentateurs ont recherché dans les œuvres des deux compositeurs les exemples d'emprunts, de citations ou de réminiscences, comme une référence au thème des augures du printemps dans l'étude des tierces alternées (à la basse) ou le choix d'échelles de tierces dans un système octatonique, pour *Khamma*, dans le prélude de *La Boîte à joujoux* ou dans *La Berceuse héroïque*, de 1915. Stravinsky, pour sa part, reprend dans

---

[1] Mark McFarland, « Debussy and Stravinsky : another look into their musical relationship », *Cahiers Debussy*, no 24, 2000, p. 79-112.

l'introduction de l'acte I du *Rossignol* la ligne mélodico-harmonique qui ouvre *Nuages*, le premier volet des *Nocturnes*. S'il est bien un point commun aux deux compositeurs c'est leur attitude devant leur table de travail. Une élève de Debussy, Mlle Worms de Romilly décrit ainsi l'une des pièces de l'appartement de la rue Cardinet où Debussy était installé depuis la fin de 1898 : « L'une était le studio du maître où, sur son bureau, étaient rangés manuscrits, encriers et crayons dans un ordre parfait[2]. »

Si l'on en croit le texte de Robert Godet cité par François Lesure en tête du fac-similé des esquisses de *Pelléas et Mélisande*[3], la méthode de travail de Debussy semble proche de celle de la légende mozartienne du compositeur démiurge qui projette sur le papier une œuvre déjà mentalement échafaudée :

« La partition manuscrite de Debussy offre le modèle d'une graphie pure et nette, la plus élégante du monde, et sans nulle trace de grattages. Or ce n'était pas une copie, mais l'original même, établi sur un très petit nombre de brouillons fragmentaires […]. Jamais compositeur ne gâcha moins de papier. Debussy ne se mettait à écrire un ouvrage qu'alors qu'il l'avait achevé dans sa tête, et sans aucun secours instrumental. En revanche, le temps de l'incubation mentale […] était le plus souvent très long […]. Pour *Pelléas*, nous le regardions faire, tout en réglant son papier, et il ne s'arrêtait guère d'écrire, d'un mouvement calme et uniforme, que pour ébaucher parfois dans l'espace par exemple un trait de harpe et s'assurer ainsi de sa commodité par le contrôle d'une main experte. »

Cette vision sereine et idéalisée du compositeur à sa table de travail est juste au moins sur deux points : la précision et l'élégance de l'écriture, le soin maniaque apporté au choix du papier. En revanche, elle est contredite par l'impressionnant ensemble de manuscrits préparatoires dont on peut prendre la mesure en consultant le catalogue de l'œuvre établi par François Lesure. Aux principaux ensembles conservés pour *Pelléas* et *Ibéria*, on peut ajouter la présence d'esquisses – sans compter les œuvres inachevées comme *Rodrigue et Chimène* et *La Chute de la maison Usher* ou une musique de scène pour *Le Roi Lear* – pour *La Damoiselle élue*, *Prélude*, *Prose lyrique*, *L'Isle joyeuse*, *Khamma* et, enfin, pour les œuvres des dernières années, *Douze études pour piano*, *Première sonate pour violoncelle et piano*, *Sonate en trio pour flûte, alto et harpe*, *Troisième sonate pour violon et piano*.

De plus, si l'on met en parallèle les nombreux matériaux préparatoires connus pour *Pelléas et Mélisande* et l'histoire chaotique de la longue gestation, entre 1893 et 1902, de ce drame lyrique[4], le témoignage de Robert Godet devient plutôt une vision idéale apportée à la légende debussyste. Il est vrai que,

---

2 François Lesure, *Claude Debussy. Bibliographie critique suivie du catalogue de l'œuvre*, Paris, Fayard, 2003, p. 241. **3** Claude Debussy, *Esquisses de* Pelléas et Mélisande *(1893-1895). Publiées en fac-similé avec une introduction de François Lesure*, Genève, Minkoff, 1977, p. 13. Repris dans F. Lesure, *Claude Debussy, op. cit.*, p. 467. **4** Drame lyrique en 5 actes et 12 tableaux de Maurice Maeterlinck. Nous empruntons l'essentiel de ce résumé aux ouvrages de David Grayson, *The Genesis of Debussy's* Pelléas et Mélisande, Ann Arbor, 1983 et François Lesure, *Catalogue de l'œuvre de Claude Debussy*, Genève, 1977, n° 88, et François Lesure, *Claude Debussy, op. cit.*

pour cette œuvre, l'abondance des sources offre véritablement le champ à une étude génétique approfondie, notamment à partir des esquisses : « [...] premiers gestes des créateurs, qui révèlent le processus initial de l'œuvre, qui permettent parfois de comprendre ce que les auteurs n'ont jamais su ou voulu expliquer de leur point de départ, qui jettent en tout cas une lumière sur le cheminement de leur pensée, sur la sûreté de sa progression et ses repentirs », selon l'heureuse définition de François Lesure[5].

Le 17 mai 1893, Debussy assiste à la représentation de la pièce de Maeterlinck montée par Lugné-Poe, pièce dont il avait lu le texte l'année précédente. Debussy lui demanda, par l'intermédiaire d'Henri de Régnier, l'autorisation de la mettre en musique, ce que Maeterlinck lui accorda de bonne grâce[6] :

« Depuis longtemps, je cherchais à faire de la musique pour le théâtre, mais la forme dans laquelle je voulais la faire était si peu habituelle qu'après divers essais j'y avais presque renoncé [...]. Je voulais à la musique une liberté qu'elle contient peut-être plus que n'importe quel art, n'étant pas bornée à une reproduction plus ou moins exacte de la nature, mais aux correspondances mystérieuses entre la Nature et l'Imagination[7]. »

De septembre à octobre 1893, il ébauche les premières esquisses, puis, jusqu'en août 1895, il travaille de façon presque continue à l'élaboration de cet opéra. Pendant l'été 1894, il écrit le troisième acte et notamment la scène des souterrains et la scène des moutons.

De 1895 à 1901, plusieurs projets de représentations à Paris, à Bruxelles, n'aboutissent pas. Trouver un théâtre qui accepte de monter un drame lyrique délibérément en marge des styles de l'époque, qu'il s'agisse du wagnérisme ou du vérisme, se réalisera grâce à l'arrivée d'Albert Carré à la tête de l'Opéra-Comique en 1898. Le soutien constant et amical du compositeur et chef d'orchestre André Messager, celui de l'éditeur Georges Hartmann permettront à Debussy de franchir les derniers obstacles. En mai 1898, il fait entendre l'œuvre. Au début de 1900, il copie la partition tout en la modifiant. En avril 1900, il met au point la partition chant et piano, qui va permettre aux chanteurs de répéter mais sur les épreuves, car elle ne paraîtra qu'en mai 1902. Entre novembre 1901 et janvier 1902, il reprend l'orchestration. Les répétitions de détail pour les chanteurs commencèrent le 13 janvier, la première lecture d'orchestre, extrêmement laborieuse car le matériel n'était pas au point, eut lieu le 8 mars[8]. Debussy dut allonger les morceaux d'orchestre liant certaines scènes afin de faciliter les changements de décors.

La répétition générale du 28 avril 1902 se fait dans une atmosphère de doute qui s'estompera devant l'enthousiasme des musiciens et le succès de

---

5 Claude Debussy, *Esquisses de* Pelléas et Mélisande, *op. cit.*, p. 7. **6** Claude Debussy, *Correspondance 1872-1918*, édition établie par François Lesure et Denis Herlin et annotée par François Lesure, Denis Herlin et Georges Liébert, Paris, Gallimard, 2005, lettre à Ernest Chausson, 1893-56, p. 176. **7** Claude Debussy, *Monsieur Croche et autres écrits*, introduction et notes de François Lesure, édition revue et augmentée, Paris, Gallimard, 1987, p. 62 : avril 1902, « Pourquoi j'ai écrit Pelléas ». **8** Claude Debussy, *Correspondance, op. cit.*, p. 640.

l'œuvre les mois suivants, notamment au moment de la reprise le 30 octobre 1902. La direction des Beaux-Arts demande la suppression de 15 mesures dans le dialogue Golaud-Yniold à la fin du troisième acte. La scène des moutons, supprimée pour la première représentation le 30 avril 1902, sera réintégrée le 30 octobre.

Or, l'intrication des sources de *Pelléas*, aussi complexe que l'indique la difficile élaboration de l'opéra, est en contradiction avec le témoignage de Robert Godet mais elle présente l'intérêt pour notre propos de décliner toutes les formes possibles que peut prendre au XXe siècle le manuscrit d'auteur.

Les esquisses provenant de la collection André Meyer[9] correspondent à des fragments de l'acte I, scènes I-II, de l'acte II, scènes I, II et III, de l'acte IV, scène III, et de l'acte V. L'orchestre est écrit sur 2 ou 3 portées, sur un papier de grand format à 30 portées (de dimensions 40 × 30 cm), sauf la scène III de l'acte II, écrite sur un papier de 20 portées (34,5 × 26,5 cm). Dans ces 52 feuillets, Debussy use largement de crayons de différentes couleurs (noir, bleu, vert, orange) et d'encre[10]. Ce manuscrit daté de la fin de « juin-juillet 95 » porte un envoi à Henri Lerolle, peintre et violoniste amateur, auquel Debussy fit régulièrement confidence dans ses lettres de l'avancement de l'œuvre.

* ill. 40

La page reproduite* montre la grande difficulté de lecture et d'interprétation de ce type d'esquisse. Il s'agit de la scène II de l'acte II, qui se situe dans « un appartement dans le château » où Golaud, blessé, repousse Mélisande (« Je ne suis pas heureuse »). On reconnaît dans la marge gauche les initiales G (Golaud) et M (Mélisande). Aucune parole n'est notée. Debussy distribue la page en systèmes variables soit de six portées dont deux pour les voix solistes et quatre pour l'orchestre, soit de cinq portées ; ils sont matérialisés par les barres d'accolades en début de ligne et par les barres de mesure ; aucune clé, aucune mesure n'est indiquée. En revanche, les inflexions du chant et le rythme de la prosodie sont des plus précises, notamment les silences, ainsi que les ponctuations de l'orchestre et les principales idées harmoniques.

Ce type d'esquisses est très différent de celui que l'on trouve dans les carnets d'esquisses laissés par Debussy, qui correspondent davantage à des notes de travail concernant plusieurs œuvres dont la gestation se fait simultanément – ainsi, les deux carnets de la collection André Meyer qui contiennent des « croquis musicaux de Claude Achille Debussy » ou des éléments préparatoires pour des œuvres des années 1892-1893 (*Quatuor*, *Trois scènes au crépuscule*[11]).

L'esquisse de la « Scène des moutons[12] » (BNF, Musique, Ms. 20703) montre une étape ultérieure dans le processus de travail du compositeur. Une première « couche » de notation au crayon noir est assez semblable à celle des esquisses provenant de la collection André Meyer : la disposition des accolades séparées

---

9 François Lesure, *Claude Debussy...*, Paris, Fayard, 2003, catalogue 93 / (88). **10** BNF, Musique, Ms. 20631. Pour le détail, voir Claude Debussy, *Esquisses de* Pelléas et Mélisande, Genève, Minkoff, 1977, p. 8-9, 42. **11** BNF, Musique, Ms. 20632 (1 et 2). **12** Margit Schumann, « Une esquisse pour *Pelléas et Mélisande*, la "Scène des moutons" », *Cahiers Debussy*, n° 17-18, 1993-1994, p. 35-56.

40 Claude Debussy, *Pelléas et Mélisande*. Esquisses provenant de la collection André Meyer, 1895.
BNF, Musique, Ms. 20631 : p. 35, entièrement au crayon bleu.
Acte II, scène II.

par une portée vide, l'utilisation de nombreuses abréviations pour les réitérations de mesures qui ont pour résultat de faire mieux apparaître la structure générale du passage. L'encre a été utilisée pour ajouter les paroles, une didascalie et pour préciser des notations au crayon dans la partie vocale, enfin pour insérer la seule indication d'instrument (le cor anglais) dans la partie instrumentale.

D'autres sources[13] sont des particelles dont les dates permettent de préciser la progression chronologique du travail de Debussy entre 1893 et 1900. Pour l'acte IV par exemple, le manuscrit Bréval, daté de septembre-octobre 1893-mai 1895, fut donné par le compositeur à la cantatrice Lucienne Bréval, interprète des *Chansons de Bilitis* lors de la deuxième exécution de ces mélodies, en mars 1903[14]. Dans ce fragment des scènes I et IV[15] (19 f. à l'encre noire avec quelques passages à l'encre rouge), l'orchestre est écrit sur 2 ou 3 portées sur un papier de grandes dimensions (30 × 40 cm). Les paroles sont soigneusement notées. La musique étant écrite au recto, Debussy a parfois utilisé le verso du feuillet précédent pour transcrire des passages corrigés ou complémentaires qui doivent s'insérer dans le texte principal. Si l'on compare quelques mesures de cette particelle qui met en scène la dernière rencontre de Pelléas et de Mélisande avec le fragment analogue de l'esquisse de la collection André Meyer (acte IV, scène III, « Une fontaine dans le parc[16] »), on constate que seuls subsisteront le rythme et l'accentuation des paroles ; le motif orchestral basé sur des quintes parallèles n'apparaît que dans cette version de la particelle et non dans ce qui semble être la toute première esquisse.

La particelle se trouve pour l'essentiel à la Beinicke Rare Book and Manuscripts Library (128 feuillets de grand format avec l'orchestre sur trois portées et les voix au-dessus[17]) et dans la collection de R. Lehmann (une autre version de la scène IV de l'acte IV, 12 feuillets).

La principale mise au net se trouve dans la partition d'orchestre provenant de l'éditeur Jacques Durand. Elle a d'abord servi de matrice pour les premières exécutions de 1902 puis pour l'édition de 1904 (BNF, Musique, Ms. 961-965). Elle comporte quelques annotations d'André Messager et d'Henri Busser ainsi que quelques révisions d'orchestration[18].

Le matériel d'orchestre utilisé pour les représentations de 1902 et provenant du fonds de l'Opéra-Comique contient les entractes modifiés au moment des répétitions pour favoriser les changements de décors (BNF, Musique, Rés. Vma. ms. 338 et Rés. Vma. 339 pour la partition).

---

[13] Nous reprenons ici la notice du catalogue de l'œuvre par F. Lesure (Fayard, 2003), n° 93 / (88). [14] François Lesure, *op. cit.*, p. 238-239. [15] BNF, Musique, Ms. 1206. Reproduit dans Claude Debussy, *Esquisses de* Pelléas et Mélisande *(1893-1895)...*, Genève, Minkoff, 1977, à la suite des esquisses de la collection André Meyer. [16] *Op. cit.*, respectivement p. 103 et 53 correspondant à la p. 222 de la partition. [17] Collection Frederic R. Koch Foundation, auparavant à la Pierpont Morgan Library : acte I, décembre 1893 ; janvier-février 1894 ; acte II, 17 août 1895 ; acte III, sans date ; acte IV, sept.-oct. 1893, mai 1895, janvier 1900 ; sept. 1901 ; acte V, sans date. Collection R. Lehmann (ancienne collection R. Legouix) dernière scène de l'acte IV, datée fin septembre-octobre 1893 (12 f.). [18] Quelques feuillets rejetés de cette partitions se trouvent aux USA, University of Texas, Austin : acte I, sc. III (3 f, dont 1 folioté 40).

Des fragments des épreuves corrigées de l'édition chant et piano de 1902[19] peuvent être situés chronologiquement avant les jeux d'épreuves de la grande partition de 1904.

Parmi les épreuves corrigées de la partition d'orchestre conservées à la Bibliothèque nationale de France[20], certaines sont importantes et émouvantes à double titre[21]. D'une part, car elles portent le bon à tirer avec les dernières corrections, d'autre part, en raison de la dédicace qui lie ces pages à un moment particulier de la vie de Debussy, alors que s'affirment les liens avec Emma Bardac qui deviendra sa seconde épouse : la dédicace datée de juillet 1904 laisse elle-même entrevoir une réminiscence du texte de *Pelléas* : « Ces quatre cent neuf pages de timbres variés qui valent à peine l'ombre que fait ta petite main sur ce gros livre... juillet 1904. »

Les manuscrits de Debussy[22] proviennent soit des femmes qui ont partagé la vie du compositeur, soit des dédicataires de ses œuvres, soit de ses éditeurs. Les manuscrits laissés à sa première compagne, Gaby Dupont, furent vendus au grand pianiste et collectionneur Alfred Cortot puis à un collectionneur américain. Ceux de Lilly Texier, sa première épouse, ont été cédés au critique Émile Vuillermoz, à Léon Vallas et à un libraire. Une partie des manuscrits présents chez Debussy au moment de sa mort en 1918 passa en vente à l'initiative d'Emma Bardac en 1933 (collections Jules Huret et Claude Debussy, 1er décembre 1933).

En 1923, l'éditeur Jacques Durand fit don d'une cinquantaine de manuscrits à la bibliothèque du Conservatoire ; ils se trouvent maintenant au département de la Musique. Il s'agissait de manuscrits mis au net et préparés pour la gravure. Deux manuscrits provenant du fonds Hartmann-Fromont, le *Prélude à l'après-midi d'un faune* et *Nocturnes*, ont été achetés par la Bibliothèque nationale l'un en 1977, l'autre en 1998.

Au cours de la dernière décennie, divers manuscrits de Debussy sont réapparus, dont deux pièces inédites, un *Andante cantabile* pour piano à 4 mains et une fugue à 4 voix, un chœur, *Chanson des brises*, dédié à Blanche Vasnier, l'une de ses premières inspiratrices, la particelle de la *Fantaisie pour orchestre et piano* (1re partie) de 1889-1890[23] et, enfin, un élégant carnet d'esquisses, avec une reliure en chagrin rouge, de 1913, « Musical notes », où figurent des notes et fragments pour *Le Martyre de saint Sébastien*, *Apparition*, *Trois poèmes de Stéphane Mallarmé*, *La Boîte à joujoux* et *Jeux*[24].

Grâce à l'édition critique des œuvres complètes, engagée sous la direction de François Lesure et continuée sous la direction de Denis Herlin, les méthodes de travail de Debussy seront de mieux en mieux connues. Elles se révèlent

---

19 BNF, Musique, Ms. 17686 : collection Jobert-Georges : 4e acte, sc. I (17 f. foliotés 103-120, inachevée) ; 5e acte (20 f. foliotés 144-164). **20** BNF, Musique, Ms. 1029 pour les actes I (1res épreuves) et III (2des épreuves). **21** BNF, Musique, Rés. Vma. 281. **22** François Lesure, *Claude Debussy*, Paris, Fayard, 2003, p. 466-467. **23** BNF, Musique, Ms. 24373. **24** BNF, Musique, Ms. 24375, n° 182 de la vente de 1933. Format oblong, cinq portées.

évidemment bien différentes pour les œuvres pour piano et les œuvres pour orchestre et ont pu évoluer selon les époques.

Ainsi, la composition des *Douze études*[25] pour piano pendant l'été 1915 alors qu'il séjourne à Pourville près de Dieppe, s'inscrit dans la droite ligne de sa révision des *Études* de Chopin. Elle correspond à une intense et dernière période de création (Debussy achève *En blanc et noir* pour deux pianos, la *Première sonate pour violoncelle et piano*, la *Seconde sonate pour flûte, alto et harpe* et les *Études*). Les échanges épistolaires avec son éditeur Jacques Durand ne laissent rien ignorer du labeur exigeant : « Mon excuse est dans la mise au point définitive de six Études dont vous recevrez bientôt le manuscrit. À le lire, vous verrez la patience de bénédictin qu'en représente le graphique, sans parler de la musique qui ne m'est pas venue en écoutant la chanson des galets remués par la mer[26]. » Debussy choisissait avec un soin maniaque son papier à musique. Dans les années 1915, il utilise un papier spécifique (*En blanc et noir*), qu'il demande à son éditeur Jacques Durand (lettre du 28 août 1915) : « Pendant quelques jours, j'ai été à l'état d'une simple Russie ! Plus de munitions, c'est-à-dire : plus de ce papier à musique, – format *Quarto-Papale* – dont j'ai pris récemment la manie. Obligé d'employer des ruses d'apaches boches pour finir de recopier les six *études*, que vous recevrez en même temps que cette lettre. À ce propos, vous me confiez, dans l'une des vôtres, combien il vous est pénible d'avoir de la patience… ! Soyez assuré qu'il en faut une rigoureuse pour recopier : l'étude *pour les octaves*, ou celle *pour les degrés chromatiques*[27] » et en post-scriptum : « Je reçois l'envoi « papier à musique » de Bellamy[28], et aussi l'envoi de Gaston [Choisnel]… de quoi écrire une Sixtologie. »

Même complainte le 30 septembre 1915[29] : « Hier soir à minuit j'ai copié la dernière note des *Études*… Ouf !… La plus minutieuse des Estampes japonaises est un jeu d'enfant à côté du graphique de certaines pages, mais je suis content ! c'est du bon travail. »

Pour la phase préparatoire des études, Debussy utilise plusieurs papiers à musique. L'un est à douze portées très espacées ; on le trouve utilisé dans les esquisses de la collection François Lang, conservée à la fondation de Royaumont[30], ainsi que dans l'esquisse pour l'étude sur les sixtes[31] datée du 22 août 1915 et portant une jolie dédicace à son épouse Emma. L'autre papier est à seize portées ; les deux papiers voisinent pour l'esquisse de l'étude « pour les arpèges composés » conservée à la Pierpont Morgan Library[32], tous deux ont pour dimensions 27 × 21 cm (le Quarto Papale). Le dernier type de

---

25 Nous empruntons l'essentiel de ces remarques à la préface de l'édition critique par Claude Helffer, Paris, Durand, 1991, *Œuvres complètes*, I, 6. Voir aussi Claude Debussy, *Études pour le piano, fac-similé des esquisses autographes (1915)*, introduction de Roy Howat, Genève, Minkoff, 1989. **26** Claude Debussy, *Correspondance, op. cit.*, lettre 1915-91, p. 1922. **27** Claude Debussy, *Correspondance, 1872-1918*, Paris, Gallimard, 2005, lettre 1915-94, p. 1940. **28** Successeur de Lard-Esnault, dont on trouve le cachet sec sur de nombreux manuscrits musicaux depuis les années 1880. Gaston Choisnel, relecteur des épreuves de Debussy. **29** Claude Debussy, *Correspondance, op. cit.*, lettre 1915-106, p. 1924-1925. **30** Claude Debussy, *Études…*, p. 117. **31** BNF, Musique, Ms. 24111. Acquisition en vente publique, novembre 2001. **32** Claude Debussy, *Études…*, p. 124-129.

papier, à vingt-quatre portées, est réservé au manuscrit destiné à la gravure (34,5 × 26 cm)[33].

En principe, Debussy écrit toujours seulement au recto des feuillets. Seule la pénurie de papier explique que le manuscrit des *Études* envoyé à la gravure porte sur quelques pages au verso de courts fragments d'autres œuvres sur lesquelles Debussy travaille pendant l'été 1915. Dans ces manuscrits de premier jet, Debussy ne met pas les armatures et utilise le signe / pour les répétitions, habitude séculaire que l'on retrouve et chez les copistes pressés et chez les compositeurs dont l'élan ne peut être freiné. Ils sont écrits soit au crayon, soit à l'encre bleue. À noter que, pour quelques manuscrits de jeunesse des œuvres pour piano à 4 mains, Debussy utilise du papier oblong à 12 ou 14 portées (voir par exemple *Diane ouverture*, BNF, Musique, Ms. 17999).

Pour les œuvres d'orchestre, avant de résumer quelques notions, retenons l'avertissement donné par les éditeurs de *Jeux* : « La nouveauté et parfois la complexité de sa syntaxe musicale obligeaient Debussy à adopter un système de notation extrêmement précis pour exprimer clairement ses intentions. Cependant, la précipitation avec laquelle il devait remettre ses manuscrits au graveur puis corriger les épreuves explique souvent l'inexactitude des éditions[34]. »

Dans le processus génétique, l'importance de la particelle, que l'on retrouvera chez Stravinsky, apparaît clairement comme l'un des aspects de la musique du premier XXᵉ siècle. Le terme désigne une disposition où le matériau musical qui sera dévolu à l'orchestre peut être réparti sur trois ou quatre portées, voire davantage : la particelle du *Sacre du printemps*, de Stravinsky, conservée à la fondation Paul Sacher est sur 6 portées et offre une sorte de vision synthétique de l'harmonie, du rythme, des éléments mélodiques avant que ceux-ci ne soient distribués parmi les différents pupitres de l'orchestre[35]. En effet, dans les particelles figurent souvent déjà des indications d'instruments sans que chacun soit noté sur une portée à part, travail que le compositeur effectue plus tard pour la partition générale. Il existe une particelle sur quatre portées pour *Jeux* (en Suisse[36]) et pour *Nocturnes* (USA, bibliothèque du Congrès).

La place de la réduction pour piano demeure variable ; contrairement à ce que le terme laisse supposer, il arrive que la réduction pour piano soit élaborée, dans le schéma général des sources, entre la particelle et la partition générale et non après celle-ci.

Dans le cas de *Jeux*, œuvre commandée pour les Ballets russes par Serge de Diaghilev, la réduction pour piano a une fonction précise : permettre au chorégraphe, en l'occurrence Nijinsky, de travailler et aux danseurs, de répéter. Le manuscrit autographe de la réduction pour piano porte témoignage de

---

33 BNF, Musique, Ms. 993. Fac-similé dans Claude Debussy, *Études…*, p. 119. **34** Claude Debussy, *Jeux, poème dansé*, édition de Pierre Boulez et Myriam Chimènes, Paris, Durand, 1988 (*Œuvres complètes*, V, 8), p. 138. **35** *Strawinsky. Sein Nachlass. Sein Bild*, exposition Kunstmuseum, Bâle, 1984, p. 46-48. « Glorification de l'élue ». **36** Rychenberg Stiftung, Stadtbibliothek Winterthur. Papier à 22 portées coupé à partir d'un papier à 32 portées.

changements importants demandés par Diaghilev, notamment à la fin du ballet[37]. Le contrat spécifiait d'ailleurs une date de remise de la réduction piano (fin août 1912) bien antérieure à celle de la partition (fin mars 1913)[38].

Pour certaines œuvres, l'accumulation des sources fait perdre au manuscrit autographe sa primauté. Les remaniements apportés au moment où l'œuvre entre en répétition, où la réalisation des matériels d'orchestre peut faire apparaître les imprécisions ou même les erreurs, donnent à des documents ultérieurs tels qu'épreuves ou éditions annotées une importance primordiale. C'est le cas des épreuves de *Nocturnes*, dans lesquelles on relève près de 400 corrections[39]. L'édition critique a d'ailleurs retenu comme source principale la première édition de la partition provenant du compositeur Roger-Ducasse avec les annotations autographes de Debussy[40].

Les nombreuses sources qui subsistent pour le *Sacre du printemps*, également commande des Ballets russes et œuvre créée seulement deux semaines après *Jeux*, invitent à souligner les similitudes et les différences dans les méthodes de travail des deux compositeurs.

Établir un parallèle entre Stravinsky et Debussy est d'autant plus tentant que nous avons un témoignage détaillé et particulièrement vivant de Charles-Ferdinand Ramuz évoquant, dans ses souvenirs, Stravinsky à sa table de travail[41] :

« Il ne faut pas que je manque ici de dire un mot des partitions de Strawinsky qui sont magnifiques. Strawinsky est avant tout (en toutes choses et à tous les sens du mot) un calligraphe. »

« La table à écrire de Stravinsky ressemblait à la tablette à instruments d'un chirurgien ; or l'ordre que le chirurgien y distribue est une chance de plus qu'il se donne dans sa lutte contre la mort. L'artiste lui aussi (à sa manière à lui) lutte contre la mort. Ces bouteilles d'encre de plusieurs couleurs dans leur hiérarchique ordonnance apportaient chacune sa petite part à une grande affirmation d'un ordre supérieur. Elles voisinaient avec des gommes de diverses sortes, de diverses formes, et toute espèce d'objets d'acier étincelant : règles, grattoirs, canifs, tire-ligne, sans compter certain instrument à roulettes qui servait à tracer les portées et dont Strawinsky lui-même était l'inventeur. [...] Il y avait ici un ordre qui éclairait parce qu'il n'était lui-même que le reflet d'une clarté intérieure. Et c'est cette clarté-là qui transparaissait aussi au travers de toutes ces grandes pages couvertes d'écriture, de façon plus complexe encore, plus persuasive, plus péremptoire, avec la collaboration des différentes encres, la bleue, la verte, la rouge, la noire, deux espèces d'encres noires (l'ordinaire et l'encre de Chine), chacune ayant sa destination, sa signification, son utilité

---

37 Claude Debussy, *Jeux*, édition de Pierre Boulez et Myriam Chimènes, Paris, Durand, 1988 (*Œuvres complètes*, V, 8). **38** Claude Debussy, *op. cit.*, p. XI. **39** Claude Debussy, *Nocturnes*, édition de Denis Herlin, Paris, Durand, 1999 (*Œuvres complètes*, V, 3). **40** *Ibid.* **41** Charles-Ferdinand Ramuz, *Souvenirs sur Igor Strawinsky*, Lausanne, 1946, p. 77-78. Cité dans Igor Stravinsky, *The Rite of Spring = Le Sacre du Printemps, Sketches 1911-1913. Facsimile Reproductions from the Autographs*, [Londres], Boosey and Hawkes, 1969, p. XIII.

particulières ; l'une servant à écrire les notes, une autre le texte (l'un des textes), une troisième, le second texte ; celle-ci servant pour les titres, celle-là pour les diverses indications écrites que comporte une partition ; tandis que les barres étaient tracées à la règle, les fautes soigneusement effacées au grattoir [...]. Cela devenait un imposant ensemble de petits ovales noirs ou d'ovales blancs un peu plus gros avec leurs tiges, et réunis en grappes, ou échelonnés en hauteur, comme des fruits à leurs espaliers [...]. »

Stravinsky a lui-même confirmé, dans la troisième leçon de *Poétique musicale* consacrée à la composition musicale, le lien organique entre la création et le geste de l'écriture : « Le fait même d'écrire mon œuvre, de mettre, comme on dit, la main à la pâte est inséparable pour moi du plaisir de la création. En ce qui me concerne, je ne puis séparer l'effort spirituel de l'effort psychologique et de l'effort physique ; ils se présentent à moi sur le même plan et ne connaissent pas de hiérarchie. [...] L'idée de l'œuvre à faire est tellement liée pour moi à l'idée de l'agencement et du plaisir qu'il nous procure par lui-même que si, par impossible, on venait à m'apporter mon œuvre tout achevé, j'en serais honteux et déconfit comme d'une mystification[42]. »

Commandé par Serge de Diaghilev pour les Ballets russes, *Le Sacre du printemps*[43], « scènes de la Russie païenne », fut créé à Paris le 29 mai 1913, sous la direction de Pierre Monteux au Théâtre des Champs-Élysées. L'œuvre comprend deux grandes parties, *L'Adoration de la Terre* et *Le Sacrifice*, chacune d'entre elles étant divisée en huit sections pour la première, six pour la seconde. La partition complète manuscrite conservée chez Boosey and Hawkes fut rendue à Stravinsky pour son quatre-vingtième anniversaire. Elle se trouve depuis 1983 dans les collections de la fondation Paul Sacher à Bâle, au sein des archives Stravinsky avec un certain nombre d'esquisses.

Le département de la Musique a pu recueillir en 1986 les sources se trouvant dans la collection d'André Meyer, c'est-à-dire le manuscrit de travail de la première partie, daté de 1912-1913[44], et le cahier d'esquisses donné en 1920 à Serge de Diaghilev[45].

Il s'agit d'un cahier primitivement sans aucune réglure musicale que Stravinsky pouvait utiliser librement au fur et à mesure de ses besoins*. Il comprend aussi des esquisses pour des fragments de *Trois poésies de la lyrique japonaise* (création le 14 janvier 1914, mais la version pour piano de la première mélodie dédiée à Maurice Delage date des 6-19 octobre 1912 et la version pour orchestre,

* ill. 15, p. 48

---

42 Igor Stravinsky, *Poétique musicale sous forme de six leçons. Édition établie, présentée et annotée par Myriam Soumagnac*, Paris, Flammarion, coll. « Harmoniques », 2000, p. 96-97. Voir aussi Hans Jörg Jans, « Strawinskys Musik und ihr Schrift-Bild » dans *Strawinsky. Sein Nachlass. Sein Bild*, exposition Kunstmuseum, Bâle, 1984, p. 23 et suiv. **43** Eric Walter White, *The composer and his works*, Londres et Boston, Faber and Faber, 1979, p. 207-210. **44** BNF, Musique, Ms. 20644. **45** BNF, Musique, Ms. 20498. Igor Stravinsky, *The Rite of Spring = Le Sacre du printemps, Sketches 1911-1913. Facsimile Reproductions from the Autographs*, [Londres], Boosey and Hawkes, 1969. Avec une préface de François Lesure et une introduction de Robert Craft. André Meyer fit l'acquisition du manuscrit auprès de Boris Kochno.

des 8-21 décembre 1912), *Pribaoutki* (chansons plaisantes) pour voix, flûte, hautbois, clarinette, basson, violon, alto, violoncelle et double basse (création : 1919) et quelques mesures du *Rossignol* (qui fut créé le 26 mai 1914 mais dont la composition commencée en 1908-1909, a été interrompue par son travail pour les commandes des Ballets russes, *L'Oiseau de feu* et *Le Sacre*), enfin quelques mesures d'une œuvre non identifiée pour piano, violon et violoncelle.

Ce cahier d'esquisses porte à la page 96 une date tracée au crayon rouge et bleu d'une écriture à grandes enjambées, en russe : « Aujourd'hui 4/17-XI-1912 j'ai, avec une rage de dents insupportable, terminé la musique du Sacre, I. Stravinsky, Clarens, Châtelard Hôtel. » Stravinsky prenait en général soin d'apposer une date sur ses manuscrits dès leur achèvement. La particelle complète de *Noces*, acquise par la Bibliothèque nationale de France en 1997, porte par exemple « Morges 1917 ».

L'enjeu posé par ce type de document est de retrouver comment ses éléments s'insèrent dans la chronologie d'élaboration de l'œuvre, telle qu'elle est connue par des éléments biographiques. En effet, ce carnet, à la différence d'autres documents de ce type, présente une juxtaposition d'éléments esquissés, d'autres déjà mis en particelle, voire en partition, avec l'orchestration complète, par exemple aux pages 37-39.

Peut-on faire coïncider le contenu de ce cahier d'esquisses avec ce que l'on sait de l'élaboration de l'œuvre ? Voici un résumé des éléments connus[46].

Au printemps 1910, quand Stravinsky achève *L'Oiseau de feu*, il a la vision d'un rite païen solennel : les anciens entourent la danse d'une jeune victime destinée à être sacrifiée.

Nicolas Roerich, bon connaisseur de la préhistoire de la Russie et des mythes des anciens Slaves, l'aide à préparer une première version de l'argument au début de 1910, puis une seconde version, vue avec Fokine à l'été 1910. Le projet est repris entre Stravinsky et Roerich à l'été 1911, lors d'un séjour chez la princesse Tenishev, près de Smolensk. Roerich détermine les titres des différentes sections et dessine un certain nombre d'esquisses de costumes d'après la collection d'art ethnique (traditionnel) de la princesse. Pendant l'été 1911, à Ustilug (lieu de la propriété des Nossenko, tante de Stravinsky, mère de sa première femme et cousine au premier degré, où le compositeur s'est fait construire une maison – dans la région de Brest-Litovsk actuellement rendue à la Pologne), Stravinsky esquisse le début des « Augures du printemps », qui seront terminés à Clarens, à l'automne. À Noël, en 1911, la première introduction de la première partie ainsi que la première partie sont achevées, puis, au printemps 1912, la « Glorification de l'élue ». Stravinsky continue d'y travailler pendant l'été 1912 à Ustilug et achève la « Danse sacrificielle » le 17 novembre 1912.

---

[46] E. W. White, *op. cit.* (voir note 43, p. préc.), p. 208 et suiv. et Robert Craft, « Le « Sacre du printemps », naissance d'un chef d'œuvre » dans I. Stravinsky, *The Rite of Spring. Sketches 1911-1913. Facsimile*, [Londres], Boosey and Hawkes, 1969, p. xxxix et suiv.

Pour répondre aux mêmes impératifs que ceux précédemment indiqués pour *Jeux*, une autre commande de Diaghilev pour les Ballets russes, Stravinsky réalisa lui-même la première version pour deux pianos, probablement en 1911-1912, avant que la partition complète ne soit terminée, vraisemblablement afin de permettre les répétitions du ballet. La partition complète est datée du 8 mars 1913.

L'histoire de l'œuvre s'arrête rarement à la date de sa création; elle engendre alors d'autres documents sources dont il faut tenir compte. Ainsi, est également parvenue au département de la Musique, grâce au legs des archives de Nadia Boulanger, grande admiratrice de Stravinsky, la partition complète réorchestrée par Stravinsky en 1943, alors que l'œuvre était tombée dans le domaine public, selon la loi de copyright américaine. Cette réorchestration fut préparée[47] à la suite d'une commande du Boston Symphony Orchestra (non réalisée). Le plus important changement concerne les signes de mesure : la noire devient l'unité rythmique à la place de la croche. L'instrumentation est changée et «améliorée» en de nombreux points que détaille E. W. White : dans les parties de cor, de trombone solo, dans les parties de cordes à 5 parties; l'accord final est réparti différemment entre les 8 cors (au lieu de 4), toutes les cordes (au lieu des seuls violoncelles et doubles basses) et les 3 trombones et 2 tubas. Cette réorchestration ne fut réalisée que pour la toute dernière section de l'œuvre, la « Danse sacrificielle », publiée à part en 1945.

L'attitude de Ravel vis-à-vis du geste du compositeur face à son manuscrit n'a pas le même caractère de confrontation quasi métaphysique. Si l'on doit retenir quelques éléments de sa correspondance, ce serait plutôt le souci scrupuleux et minutieux de l'artisan qui ne veut laisser échapper aucun défaut, aucune négligence, tout en se plaignant parfois du temps et de l'attention qu'exige le métier de compositeur. Un bon témoin de cette façon de travailler pourrait être le manuscrit du *Boléro* de Ravel provenant de Lucien Garban, directeur musical des éditions Durand et ami du compositeur, source essentielle que l'on ne peut pourtant assimiler ni à une esquisse, ni à une particelle, ni à une partition définitive[48]. Il s'agit du premier état de l'œuvre en partition, noté au crayon, sur un papier de format oblong à 24 portées*. Pour *La Valse*, une autre œuvre de Maurice Ravel, il existe le même type de source, un premier manuscrit de travail au crayon, qui permet des retouches et corrections importantes touchant à la structure même de l'œuvre. Le manuscrit n'étant ni signé ni daté, seule l'histoire de l'œuvre peut de nouveau apporter les éclairages nécessaires à la compréhension du manuscrit. L'œuvre, d'abord intitulée «Fandango», était une commande de la danseuse Ida Rubinstein pour le spectacle de sa troupe à l'opéra de Paris. Commencée au cours de l'été 1928, elle fut terminée le 15 octobre et créée le 22 novembre sous la direction de Walther Straram dans

* ill. 41

---

47 BNF, Musique, Ms. 17946. E.W. White, *op. cit.*, p. 217. **48** BNF, Musique, Ms. 21917. Acheté en vente publique à Drouot le 8 avril 1992.

41 Maurice Ravel (1875-1937), *Boléro*. Partition d'orchestre.
Manuscrit autographe. Premier état au crayon.
BNF, Musique, Ms. 21917, p. 12 et 27.

des décors et costumes d'Alexandre Benois, sur une chorégraphie de Bronislava Nijinska :

« Je souhaite vivement qu'il n'y ait pas de malentendu au sujet de cette œuvre. Elle représente une expérience dans une direction très spéciale et limitée, et il ne faut pas penser qu'elle cherche à atteindre plus ou autre chose qu'elle n'atteint vraiment. Avant la première exécution, j'ai fait paraître un avertissement disant que j'avais écrit une pièce qui durait dix-sept minutes et consistant entièrement en "tissu orchestral sans musique" – en un long crescendo très progressif. Il n'y a pas de contrastes et pratiquement pas d'invention à l'exception du plan et du mode d'exécution. Les thèmes sont dans l'ensemble impersonnels – des mélodies populaires de type arabo-espagnol habituel. Et (quoiqu'on ait pu prétendre le contraire) l'écriture orchestrale est simple et directe tout du long, sans la moindre tentative de virtuosité[49]. »

Au XXe siècle, le compositeur devient le commentateur non seulement de son œuvre mais, parfois, de son travail de compositeur. Pourtant, le manuscrit demeure un curieux révélateur des hésitations et tâtonnements du musicien mais aussi de sa virtuosité et des stratagèmes – qui n'ont pas changé depuis Mozart – pour que la main traduise aussi vite que possible le fil de la pensée. C'est vrai aussi pour ce manuscrit du *Boléro* : Ravel a biffé l'entrée de certains instruments, pour les reporter plus loin et les agencer autrement. Une fois établi l'ostinato rythmique, il évite de le retranscrire et se contente d'une traditionnelle barre oblique pointée éloquente. Les 24 portées sont encore à ce stade utilisées librement sans aucune indication préalable d'instruments ; tout en respectant les espaces globaux traditionnellement donnés aux différents pupitres : cordes (à la partie inférieure), cuivres (partie centrale) et bois (partie supérieure), il note le nom de l'instrument à chaque entrée qui le concerne. Pour les percussions, Ravel a ajouté trois lignes en bas de page, chacune étant précédée du nom de l'instrument, triangle, castagnette, tambour.

Dans sa correspondance, Ravel se plaint constamment du caractère laborieux de son travail de « copiste » et surtout de celui qu'il faut consacrer soit à réduire une partition d'orchestre soit à réaliser l'orchestration et déplore le temps qu'il y passe. À l'inverse, ses échanges avec Lucien Garban témoignent d'une grande recherche de précision et d'exactitude quand il s'agit de corriger les épreuves afin de donner un texte « propre », libéré des erreurs d'altérations, de liaisons.

Le développement de l'orchestre au XXe siècle a pour conséquence l'apparition de partitions-livres de musique de format géant. Pour *Jeanne au bûcher*[50], oratorio dramatique sur un texte de Paul Claudel (H 99), commande d'Ida Rubinstein, Arthur Honegger utilise un papier à 34 portées*. La taille de la

* ill. 42

---

49 Cité par M.D. Calvocoressi. **50** Harry Halbreich, *L'Œuvre d'Arthur Honegger. Catalogue, analyse*, Paris, H. Champion, 1992. Composé du 3 janvier au 30 août 1935. Orchestration terminée à Paris le 24 décembre 1935.

42 Arthur Honegger, *Jeanne au bûcher*, oratorio dramatique H. 99, sur un texte de Paul Claudel.
BNF, Musique, Ms. 17698, p. 133.

partition est justifiée par l'importance de l'orchestre qui comprend en sus de l'effectif habituel un instrument alors nouveau, les ondes Martenot, et trois parties de saxophones. C'est un copiste qui transcrit les paroles et ajoute les repères chiffrés de la partition.

Dans la partition de *Saint François d'Assise* d'Olivier Messiaen – très soigneusement notée au crayon comme presque tous les manuscrits de sa main –, le sixième tableau, *Le Prêche aux oiseaux*, a nécessité l'emploi de deux feuilles de grand format superposées qui atteignent presque la taille de 90 cm. La partition de *Terretektorh* de Iannis Xenakis, œuvre pour 88 instruments à parties réelles puisque chaque musicien doit changer d'emplacement dans le public au cours de l'exécution de l'œuvre, dépasse également tous les formats habituels. Une conséquence de ce développement dans l'espace se traduit par la disparition presque totale de l'édition traditionnelle d'œuvres pour orchestre à grand effectif et, naturellement pour les opéras. La grande partition de *Saint François d'Assise*, l'opéra d'Olivier Messiaen, magnifiquement gravée entre 1988 et 1992, demeure l'un des derniers exemples de cette présentation. Désormais, les éditeurs diffusent le plus fréquemment des reproductions de manuscrits soit de la main du compositeur soit d'un copiste professionnel.

L'élaboration d'une œuvre peut être jalonnée de « pièces justificatives » qui vont bien au-delà du schéma traditionnel qui conduit des esquisses à la partition. De Darius Milhaud, on connaît des essais de polyrythmies ou bien un cahier contenant les vers des *Choéphores* portant scansions et césures[51]. Dans le cas d'André Jolivet qui fut toujours réticent à expliquer ses « secrets de fabrication », les notes et ébauches accompagnant les manuscrits de ses symphonies ouvrent de vraies perspectives à une approche analytique grâce aux matériaux de base, échelles, schémas rythmiques, effets de timbres, ici explicités et déjà ordonnés dans un plan général*.

* ill. 16, p. 49 et ill. 43

Avec les compositeurs du groupe Jeune France, comme Messiaen et Jolivet, ou bien leurs cadets qui mettent en œuvre les bouleversements techniques d'après-guerre, comme Xenakis, le musicien élargit son champ expérimental et teste des formules abstraites inspirées ou empruntées à des types de raisonnements combinatoires. On peut soit y voir l'aboutissement d'une évolution dont les racines se situeraient dans le lointain Ars nova ou dans la virtuosité conceptuelle illustrée par une personnalité telle que Jean-Sébastien Bach ou, au contraire, l'intrusion de nouveaux modes opératoires empruntés à d'autres sciences, les mathématiques ou la physique.

Deux de ces compositeurs, Messiaen et Xenakis partagent aussi en commun la volonté de théoriser, d'expliquer et de justifier leur démarche à l'orée de leur carrière, Messiaen, dans *Technique de mon langage musical* (1943), et Xenakis, dans *Musiques formelles* (1963).

51 Myriam Chimènes, Catherine Massip éd., *Portrait(s) de Darius Milhaud*, Paris, Bibliothèque nationale de France, 1998, p. 104 et 108-109.

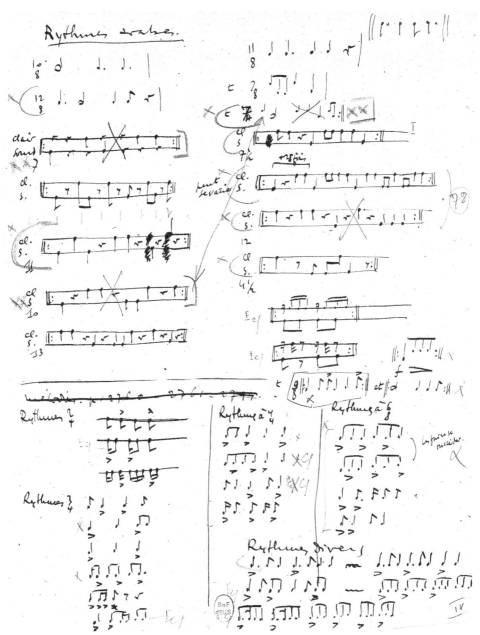

43 André Jolivet, *Deuxième symphonie*. Manuscrit autographe.
BNF, Musique, Ms. 24092.
Études de rythmes.

Modes de valeur et d'intensité pour piano*, composé en 1949, au moment du premier voyage de Messiaen aux États-Unis, sur l'invitation de Darius Milhaud au festival d'Aspen, dans le Colorado, fait partie des *Études de rythme*. Messiaen en a donné l'analyse dans le tome III du *Traité de rythme, de couleur et d'ornithologie*[52] :

* ill. 45

«Ce morceau utilise un mode de hauteurs (36 sons), de valeurs (24 durées), et d'intensité (7 nuances). Il est entièrement décrit dans le mode [...]. Le mode se partage en 3 divisions ou ensembles mélodiques de 12 sons, s'étendant chacun sur plusieurs octaves, et croisés entre eux. Tous les sons de même nom sont différents comme hauteur, comme valeur, et comme intensité.» De plus la division I qui est utilisée dans la partie supérieure du piano est associée à des durées «chromatiques» très brèves allant d'une triple croche à douze triples croches, la division II (dans la portée médiane du piano), à des durées d'une double croche à douze doubles croches, la division III (dans la portée inférieure du piano), à des durées d'une croche à douze croches. Ainsi, «l'ensemble du mode constituait une couleur, très différente des couleurs orchestrales ou couleurs de timbres – une couleur de durée et d'intensités, destinée à varier la grisaille des séries de sons, et à susciter la recherche d'autres colorations». On comprend que ces règles imposées voire revendiquées, qui ne sont pas sans rappeler les subtilités de l'Ars nova, peuvent engendrer des combinaisons rythmico-mélodiques très riches mais pour le compositeur, «c'était sans doute une contrainte, mais une contrainte colorée, une contrainte qui contenait en puissance la liberté, plusieurs libertés, d'autres libertés».

Les quelque deux cents cahiers de notations de chants d'oiseaux d'Olivier Messiaen[53] nous offrent un nouveau type, unique, de «livre de musique». Les chants d'oiseaux apparaissent très tôt dans l'œuvre de Messiaen puisqu'on les trouve stylisés dans le *Quatuor pour la fin du temps* (1941). À partir des années 1950, Messiaen intègre les chants d'oiseaux à sa démarche créatrice. Ils sont indissociables de sa profonde foi chrétienne et représentent une sorte de langage qui rapproche l'homme du divin.

Le premier cahier date des 18-31 mai 1952*. Dans ces 19 pages, Messiaen a noté les chants d'oiseaux dans la forêt de Saint-Germain-en-Laye. Son premier champ de collecte se situe en effet à Paris et dans la région parisienne, ensuite chez des amis chez lesquels il séjourne comme Jacques Delamain en Charente. Dans les années 1960, il élargit le domaine de ses recherches ornithologiques à la Sologne et au Dauphiné, à Saint-Théoffrey au bord du lac de Laffrey où il séjourne l'été, dans sa maison de Petichet, ainsi qu'en Camargue (1963). Une célèbre photographie, prise en Sologne, dans sa maison de la Sauline, montre Mme Yvonne Loriod-Messiaen tenant un microphone et un

* ill. 44

---

52 Olivier Messiaen, *Traité de rythme, de couleur et d'ornithologie (1949-1992)*, Paris, A. Leduc, 1996, t. III, pp. 131-132. **53** Ils ont été déposés à la Bibliothèque nationale de France par la fondation Olivier Messiaen ainsi que le manuscrit autographe de *Saint François d'Assise* et le manuscrit du *Traité de rythme, de couleur et d'ornithologie*.

Cassis   (17ʰ)   12 avril 1980

en tien d'un petit oratio, devant le grand chêne vert du prélude
aux oiseaux de Saint François —

le pont qui traverse, au dessus du petit gouffre :

le grand chêne vert :

pont

le tronc du grand chêne est noir et brun, en arrondi, moussu, très
fort — il porte les branches — branches tordues comme des serpents —
feuilles du grand chêne vert, comme des feuilles de laurier, petites, minies,
luisantes, en bouquets, vert clair grisâtre argenté — derrière, en fond,
les collines, avec beaucoup de chênes verts et de feuillages — tout en
temps, une colombe blanche vole, et vient se poser sur la grosse
boule au milieu du tronc du grand chêne vert —

au dessous du petit pont, un arc de pierre ⌒ et le petit gouffre :
20 mètres de profondeur environ — (17ʰ) le soleil éclaire fortement le
pont, qui en lumière s'oppose à l'ombre des grosses branches du
grand chêne vert sur le parapet et le mur du pont, et les ombres des
branches et des feuilles se dessinent sur l'autre côté du pont —

à droite : massifs de chênes verts formant 2 mètres descendants ;
                                entre les 2 : la montagne du fond, bleue,
                 légère, embrumée de bleu, presque transparente —
au dessus le ciel bleu pâle, très clair, sans aucun nuage —
Soleil — un peu de chaleur et de silence —

(18ʰ) les ombres s'allongent — éclairage merveilleux — sur la route
vers la forêt, le soleil dard à travers les chênes verts, et chaque
petite feuille de chaque chêne vert brille d'un bijou de lumière —

costumes des franciscains : de la droite, capuchon brisé, d'un autre marron
                         de tissu plus grand : comme 2 V V — costume
brun roux — corde ceinture blanche //

44 Olivier Messiaen, Cahier de notation de chant d'oiseau. Assise, 1980.
BNF, Musique, Ms. 23141, f. 14 v°-15 r°.
Dépôt de la fondation Olivier Messiaen.

45 Olivier Messiaen, *Modes de valeur et d'intensité*.
Manuscrit autographe.
BNF, Musique, Ms. 9172 p. 1.

petit appareil d'enregistrement, en compagnie d'Olivier Messiaen, le crayon à la main, tenant l'un de ces cahiers. Il s'agit la plupart du temps de véritables cahiers à musique de petit format (oblong ou à spirale dans les années 1950-1960, vertical ensuite), comme on en achetait autrefois chaque année pour les enfants lors de la rentrée des classes. Il est touchant de rappeler qu'Erik Satie, au début du XXe siècle, pour d'autres raisons, peut-être d'économie, a transcrit dans de tels cahiers l'essentiel de ses œuvres en préparation.

Les voyages que Messiaen entreprend dans les années 1960, lorsque son œuvre commence à avoir une large résonance internationale, lui permettent de découvrir d'autres espèces d'oiseaux et d'autres milieux environnants : l'Iran (septembre 1969), le Japon (mai-juin 1962, juillet 1978), les États-Unis (l'Utah en 1972), l'Italie (Assise, où il retourne souvent et s'imprègne de la mystique franciscaine en mai 1970, juin 1976, avril 1980), l'Australie et la Nouvelle-Zélande (juin 1988). Pour les notations relevées non plus sur le terrain mais d'après des enregistrements sonores, disques ou cassettes, Messiaen utilise de grandes feuilles de papier à musique ; c'est le support habituel des notations de chants d'oiseaux de Suède, du Mexique et du Brésil.

Grâce à cette collecte qui ne cesse qu'en 1991, Messiaen est devenu un expert dont la science est reconnue par ses confrères ornithologues de profession. Sa bibliothèque ne cesse de s'enrichir d'importants ouvrages de référence dans ce domaine. Noter un chant d'oiseau est une chose, l'identifier de façon appropriée en est une autre : c'est ici que le scientifique vient au secours de l'oreille du musicien. Messiaen souligne que les chants ne peuvent être captés qu'à certaines heures de la journée, très tôt le matin ou juste avant le coucher du soleil : ils émergent alors d'une vaste polyphonie sonore, instant merveilleux qui lui inspire le sixième tableau de son opéra *Saint François d'Assise*, le *Prêche aux oiseaux*. Messiaen notait à la volée dans ses cahiers tous les éléments dans lesquels baignait le chant qu'il notait, le lieu, le paysage, la végétation, le climat, les particularités du moment. À ces descriptions, il a donné une véritable dimension poétique en les plaçant en exergue des grands cycles de pièces inspirées par le chant des oiseaux : les treize pièces du *Catalogue d'oiseaux* pour piano (1956-1958) ou les *Petites esquisses d'oiseaux* de 1985. Même si le mot « oiseau » n'apparaît pas dans le titre d'une œuvre, le matériau musical qu'ils suggèrent se révèle présent dans la plupart des œuvres des années 1970-1990. Confrontés au thème de Dieu, forgé par Messiaen en « langage incommunicable », c'est-à-dire en utilisant une symbolique complexe de lettres/notes, ils acquièrent, dans les *Méditations sur le mystère de la Sainte Trinité* pour orgue, la même haute dimension mystique que dans *Saint François d'Assise*.

Une grande partie des matériaux collectés dans les cahiers de notation constitue l'essentiel du cinquième tome du *Traité de rythme, de couleur et d'ornithologie*[54], dont l'ordonnancement suit une répartition géographique.

---

[54] En 7 tomes. Paris, A. Leduc, 1988-2002.

Compositeur « à la table » comme le montrent certaines photographies prises dans son atelier, Iannis Xenakis conservait dans son travail de compositeur les habitudes de l'ingénieur-architecte[55].

Cette forte personnalité symbolise une nouvelle approche de la musique qui se traduit aussi par des méthodes de travail différentes de celles des compositeurs ayant eu une formation traditionnelle. Ses carnets de notes datant de l'époque où, auprès de Messiaen, il approfondissait ses connaissances de la langue musicale, montrent qu'il n'ignorait rien des techniques de base du métier de compositeur. Xenakis développe aussi un discours théorique fort, qu'il enrichit à partir de sa formation scientifique. Dix ans après *Métastasis*, sa première grande œuvre pour orchestre, il publie en 1963 *Musiques formelles* (numéro spécial de la *Revue musicale*), où il présente et commente les compositions élaborées au cours de cette décennie de travail : *Pithoprakta* et *Achorripsis* dans « Musiques stochastiques[56] (générales, libres) », *Analogique A et B* et *Syrmos* dans « Musique stochastique markovienne », *Duel* et *Stratégie* dans « Stratégie musicale », *Herma*, développé d'après la théorie des ensembles, dans « Musique symbolique », enfin, la série des ST (« stochastique »), conçues d'après un programme informatique de composition musicale et calculées par un ordinateur IBM 7090 dans « Musique stochastique libre à l'ordinateur ».

La partition musicale n'est donc plus désormais le seul support ou le seul « livre de musique » qui permet d'accéder à une œuvre musicale : il faut y adjoindre non seulement les outils analytiques offerts par le compositeur mais aussi les travaux préparatoires – bien différents de la notion d'esquisse que nous avons vue.

Les dossiers d'archives et les carnets de notes de Iannis Xenakis[57] ouvrent au chercheur les étapes successives de son travail. Ils permettent de décrypter les différentes théories mathématiques qui ont successivement nourri la réflexion formelle de Xenakis, comme les applications de la théorie cinétique des gaz, pour *Achorripsis* (lois de Maxwell-Bolzmann et lois de Poisson), la théorie des ensembles pour *Herma*, ou la théorie des cribles (échelles).

Xenakis a développé lui-même en huit points dans *Musiques formelles* ce qu'il appelle les « phases fondamentales d'une œuvre musicale[58] » :

« a/ *Conceptions initiales* (intuitions, données provisoires ou définitives)

b/ *Définition d'êtres sonores* et de leur symbolique communicable dans la mesure du possible (sons d'instruments de musique, sons électroniques, bruits, ensembles d'éléments sonores ordonnés, constitutions granulaires ou continues, etc.)

c/ *Définition des transformations* que ces êtres sonores doivent subir au cours de la composition (macrocomposition : choix général des charpentes logiques […])

---

55 Voir François-Bernard Mâche éd., *Portrait(s) de Iannis Xenakis*, Paris, Bibliothèque nationale de France, 2001. **56** La notion de stochastique : les lois qui régissent les ensembles soumis à la loi des grands nombres. **57** Les archives Xenakis sont déposées au département de la Musique. **58** Iannis Xenakis, *Musiques formelles*, p. 33-34.

d/ *Microcomposition* : mise au point des relations fonctionnelles ou stochastiques, des éléments du point (b) [...]

e/ *Programmation séquentielle* des points (c) et (d) : schéma, *pattern* de l'œuvre dans l'ensemble.

f/ *Effectuation des calculs* [...]

g/ *Résultat final symbolique de la programmation* : partition de musique en notation traditionnelle, expressions numériques sur papier, graphiques, ou autres modes de solfège.

h/ *Incarnation sonore* du programme : exécution orchestrale directe, manipulations du type des musiques électromagnétiques, fabrication mécanisée des êtres sonores et de leurs transformations. »

On voit que dans ce processus, la partition en notation traditionnelle occupe une place équivalente aux schémas sur papier millimétré qui distribuent avec précision dans le temps les événements sonores. Elle intervient seulement après l'établissement des présupposés mathématiques qui peuvent prendre la forme d'équation ou de tableaux de calcul. Xenakis met en équation les « êtres sonores », c'est-à-dire les paramètres musicaux tels que le timbre ou la famille d'instruments, la hauteur du son, l'intensité du son et sa durée. Ces paramètres musicaux peuvent être d'une précision qui va bien au-delà des techniques de jeu couramment utilisées. Par exemple, au début du repère H, dans *Pithoprakta*, il spécifie « retourner l'instrument et frapper piano avec l'articulation du medium de la main droite au milieu de la caisse de l'instrument » ou bien à propos des pizzicati : « [...] les doigts de la main gauche appuient la corde avec l'ongle. La corde est pincée avec le bout du doigt. »

Le plus célèbre est sans doute celui de *Pithoprakta*, œuvre dédiée, comme *Métastasis*, au chef d'orchestre Hermann Scherchen, le premier défenseur de l'œuvre de Xenakis. Cette pièce orchestrale est destinée à 49 interprètes, deux trombones, un xylophone, un wood-block, 12 premiers violons, 12 seconds violons, 8 altos, 8 violoncelles et 6 contrebasses. Cette partition graphique – « surfaces réglées » sur papier millimétré – représente l'étape intermédiaire entre les calculs mathématiques et la notation musicale traditionnelle. Comme les schémas de *Métastasis*, ceux de *Pithoprakta* donnent une image globalisante de l'œuvre.

Dans ses deux essais, « Vers une philosophie de la musique » et « Vers une métamusique », Xenakis se réfère aux grandes théories musicales de l'Antiquité, au travers desquelles il rejoint ses propres sources helléniques. Il oppose les pythagoriciens, qui utilisent une démarche géométrique et multiplicative, aux aristoxéniens, qui utilisent une démarche arithmétique et additive. Dans une perception alors en opposition aux historiens du début du XXe siècle comme Jules Combarieu, il réhabilite l'importance du tétracorde et de la note ajoutée.

On trouve trace de son intérêt pour les modes dans la première section de *Jonchaies* construite sur un schéma polymélodique. Certains aspects de

* ill. 46 l'écriture de *Jonchaies**, œuvre créée quelques mois avant *La Légende d'Eer*, pièce pour bande magnétique conçue pour le *Diatope* de Beaubourg en 1978, rappellent les superpositions de registres du matériau électroacoustique. Quelques œuvres électroacoustiques de Xenakis n'existent plus que sous la forme d'enregistrements sonores, de calculs mathématiques ou de listings informatiques. Pionnier dans bien des domaines, dans l'utilisation de l'ordinateur, dans l'association de la production du son et du dessin avec l'UPIC[59], Xenakis prend ainsi rang parmi les compositeurs dont l'œuvre musicale se dématérialise et n'a plus besoin de support de la partition – du livre de musique – pour exister.

---

59 UPIC : Unité polyagogique informatique du CEMAMu (Centre de mathématique et automatique musicales) ou machine à dessiner la musique dont la première version date de 1977.

46 Iannis Xenakis, *Jonchaies*. Manuscrit autographe, 1977.
BNF, Musique, Ms. 20602.
Première page de musique.

Glossaire

Aérophones
Catégorie d'instruments de musique dans lesquels le son est produit par la mise en mouvement d'une colonne d'air

Affect
État affectif qui peut être mis en œuvre par des procédés musicaux

Agogique
Indication de mouvement destinée à l'interprète d'une pièce musicale

Antienne
Dans le chant liturgique, peut être tout chant répété par le chœur en réponse à l'officiant ou un verset chanté avant ou après un psaume

Antiphonaire
Livre qui contient tous les chants de l'office (antiennes et répons) pour le temporal et le sanctoral

Authente
Voir « mode »

Basse continue
Partie musicale écrite dans le registre de basse qui donne en principe les fondements de l'harmonie

Brève
Division du temps dans le système de la musique dite mesurée

Brève juste
Brève qui vaut un temps indivisible dans le système de Jean de Garlande

Canon de la messe
Partie de la messe qui reste invariable depuis la fin du *Sanctus* jusqu'au *Pater*

Chanson monodique
Chanson à 1 voix sans accompagnement

Chant mélismatique
Chant dans lequel la ligne mélodique comporte des formules ornementales

Chitarrone
Instrument à cordes pincées de la famille du luth, qui pouvait être utilisé pour l'accompagnement du chant

Collette
Fragment de papier à musique découpé et collé sur une page de musique déjà écrite pour apporter des corrections

Cordophones
Groupe d'instruments de musique dans lesquels le son est produit par la mise en mouvement de cordes tendues

Division binaire
Division par deux de l'unité de temps

Division ternaire
Division par trois de l'unité de temps

Estampies
Airs de danses instrumentaux et poèmes que l'on adapte à ces mélodies

Fatrasie
Genre lyrique burlesque où l'on accumule des mots incohérents et des non-sens, à la mode à la fin du XIIIe siècle

Forme fixe
S'applique à un poème dont le nombre de vers, les rimes et leur disposition sont fixés

Frottole
Pièces musicales à 3 ou 4 voix sur un texte profane, qui connurent leur apogée en Italie à la fin du XVe siècle

Graduel
Livre qui contient les pièces qui se chantent au lutrin au cours de la messe

Hexacorde
Groupe de six notes consécutives qui sert au système de la solmisation

Hymnaire
Recueil contenant les hymnes (cantique latin qui fait partie de l'office divin) des féries ainsi que les hymnes du propre des saints

Idiophones
Groupe des instruments de musique
non pourvus de cordes ou de membranes
et dont le corps frappé produit un son

Introït
Prière d'entrée précédant le *Kyrie* de
l'ordinaire de la messe chantée pendant
que l'officiant va de la sacristie à l'autel

Invitatoire
Dans la liturgie catholique et l'office romain,
psaume introductif des matines (première
prière de la journée). Chanté ou récité avec
reprise d'un verset qui est propre à chaque
fête.

Kyriale
Recueil des chants de l'ordinaire de la
messe dont le premier est le *Kyrie eleison*,
première prière obligatoire de la messe
sous la forme d'invocations triples *Kyrie-
Christe-Kyrie* (*Kyrie eleison*, Seigneur aie
pitié, *Christe eleison*, Christ aie pitié)

Lai
Poème de forme strophique qui s'est
développé dans le cadre de la lyrique
courtoise

Laudi
Dans la liturgie catholique, prières chantées
pour les offices du matin

Lectionnaire
Livre de la liturgie catholique contenant
les textes latins lus ou chantés au chœur

Libellus
Petit livre

Longue juste
Vaut deux brèves justes dans le système
de Jean de Garlande

Madrigal
Musique vocale sur un texte poétique
en italien

Main de solmisation
Main figurant le système hexacordal
(groupe de six notes transposables)

Main dite guidonienne
Type de main de solmisation

Matériel
Ensemble de parties séparées

Mode authente, mode plagal
Dans le système de classement des quatre
schémas mélodiques hérités de la liturgie
orientale, chaque mode ou portion
mélodique ayant pour finale une note
précise, peut prendre une forme authente
(il se développe au-dessus de cette finale)
ou une forme plagale (la finale occupe un
position centrale)

Modus perfectus et imperfectus
Mode parfait et imparfait
Système de notation du rythme qui introduit
comme variable de la valeur des notes
l'ordre dans lequel elles sont disposées

Monodie accompagnée
Ligne musicale chantée accompagnée
par un ou plusieurs instruments

Motet (grand motet, petit motet)
Mise en musique de paroles en général
latines ou vernaculaires mais d'inspiration
religieuse, soit pour grand effectif (solistes,
chœur, orchestre), soit pour petit effectif
(voix solistes avec éventuellement
instruments et basse continue)

Musique monodique
Musique à une voix

Musique pratique
Musique exécutée par opposition à la
musique comme discipline théorique

Neume de conduction
Signe de notation symbolisant un groupe
de notes qui fait liaison entre deux autres

Notation blanche
Notation noire évidée

Notation carrée
Notation musicale qui comporte des signes
de forme carrée

Notation carrée noire
Notation musicale qui comporte des signes
de forme carrée noirs

Notation colorée en rouge
Notation musicale qui comporte des signes
colorés en rouge

Notation franconienne
Notation musicale décrite dans le traité
de Francon de Cologne

Notation mensurale
Notation comportant des signes symbolisant une division du temps

Notation moderne
Notation musicale en usage depuis l'époque classique

Notation neumatique
Notation musicale utilisant des neumes (signes graphique indiquant les mouvements de la mélodie). Les signes se sont développés de façon distincte selon les différentes régions de production des manuscrits. Les notations correspondantes sont dénommées selon les régions, Aquitaine au sens large, Bretagne, Est de la France, ou selon l'époque

Notation proportionnelle
Notation musicale dans laquelle sont intégrés des signes indiquant non pas le rythme mais les divisions du temps

Octatonique
Échelle utilisant dans l'ambitus d'une octave huit tons et demi-tons en alternance

Offertoire
Partie de la messe après le *Kyrie* pendant laquelle sont dites les prières d'offrande et récitées les lectures du jour (actes des apôtres, évangile)

Office férial
Office religieux pour une fête spécifiquement dédiée à un saint ou à une fête majeure (Noël, Pâques)

Ordinaire de la messe
Prières de la messe qui demeurent invariables (*Kyrie*, *Gloria*, *Credo*, *Sanctus*, *Agnus*)

Organum
Type d'écriture musicale à une, deux, trois voix ou plus, développée sur une mélodie grégorienne

Ove
Ornement en forme d'œuf ; caractérise certains caractères typographiques

Particelle
Présentation et état d'une œuvre entre esquisses et partition dans lesquels un certain nombre de parties instrumentales et vocales sont déjà présentes et superposées.

Partie séparée
Musique notée pour un instrument ou une voix dans un ensemble

Partition
Présentation simultanée de toutes les parties d'un ensemble, superposées mesure par mesure, chacune sur une portée distincte

Partition réduite
Présentation de toutes les parties musicales sur un minimum de portées

Plagal
Voir « mode »

Plain-chant
Chant sur un texte latin sans accompagnement utilisé pendant les offices de la liturgie catholique

Processionnal
Livre liturgique contenant les textes et les chants donnés pendant les processions de l'année liturgique

Prosule
Prose brève (chant liturgique versifié qui peut être introduit dans la messe après le graduel)

Psychomachia
Dans l'iconographie chrétienne, combat symbolique des vices et des vertus

Quaternion
Petit livre composé de deux feuillets pliés constituant quatre pages

Répons
Chant à une voix donné en alternance par un chœur en réponse à l'officiant utilisé dans la liturgie catholique

Rondeau
Forme musicale au sein de laquelle un même motif est répété en alternance avec un couplet

Sacramentaire
Livre d'église en usage pendant le haut Moyen-Âge, qui contenait les oraisons, préfaces et canons de la messe (texte avec ou sans musique notée)

Sanctoral
Dans l'ordo liturgique, en complément au temporal, recueil des lectures, psaumes, évangiles selon les fêtes des saints.

Sanctus
Partie du canon de la messe qui commence par l'injonction *Sanctus* répétée trois fois

Secrète
Prière de la messe après l'offertoire

Séquentiaire
Recueil de séquences (insertions mélodiques brèves ou longues terminant une fin de pièce liturgique, par exemple un *alleluia*)

Strambotti
Dans la poésie lyrique italienne du *quattrocento*, poèmes de 4, 6 ou 8 décasyllabes. Par extension, pièces musicales écrites sur cette forme poétique.

Temporal
Dans l'ordo liturgique, ensemble des mélodies grégoriennes utilisées pour les offices du jour (lectures et oraisons) selon le calendrier liturgique

Théorie byzantine
Ouvrages sur la théorie de la musique traitant du chant religieux pratiqué dans l'Empire romain d'Orient

Ton psalmodique
Ton dans lequel est chanté ou récité le psaume

Tonaire
Recueil de mélodies servant à mémoriser l'intonation des chants liturgiques selon les tons et modes

Traité de musique pratique
Ensemble de définitions et de prescriptions concernant l'exécution de la musique

Triplum
Groupe de trois notes de même durée

Tropaire
Recueil de chants liturgiques dont certains contiennent des tropes

Trope
Insertion d'une formule mélodique ou d'une série de formules mélodiques ajoutées ou interpolées dans le chant grégorien (paroles avec musique, musique seule)

Virelai
Forme poétique avec refrain

Index des noms de personnes

A
Adam de la Halle 28
Agricola, Alexander 37
André, Johann Anton, éditeur 90, 91
Antico, Andrea 37, 38, 51
Aquilano 36
Aristide Quintilien 20
Aristoxène de Tarente 14, 20
Artaria, éditeur 86, 90, 93
Attaignant, Pierre 38, 40, 52
Aurélien de Réomé 14
Aurnhammer 90

B
Bach, Jean-Sébastien 121
Baillot, Pierre 92
Ballard, Christophe 59, 65, 67, 73, 74
Ballard, famille 55, 56, 61, 64, 69, 70
Ballard, Pierre I 55-58, 60
Ballard, Robert I 40
Ballard, Robert III 55
Bardac Emma 111
Barthélémy l'Anglais 18
Bataille, Gabriel 56, 60, 61
Baussen, Henri de 73
Bauyn, famille 63
Beauvarlet-Charpentier, Jean-Jacques 84
Beethoven, Ludwig van 79, 80, 92-95, 100
Bellamy 112
Benois, Alexandre 119
Berlioz, Hector 7, 79, 80, 95-101, 103, 104
Bernard de Ventadorn 28
Bianconi, Lorenzo 52
Bignon, abbé Jean-Paul 26
Bigot de Morogue, Hélène 92
Blanchard, Antoine 67
Blondel de Nesle 28
Bodenschatz, Erhard 51
Boèce 12, 14, 15, 18
Boesset, Antoine 56, 58, 60
Boltzmann, Ludwig 128
Bonnart, Henri, graveur 72
Bottée de Toulmon, Auguste 104
Boulanger, Nadia 117
Breitkopf & Härtel, éditeur 86, 90

Breitkopf, Johann Gottlob Immanuel 55
Bréval, Lucienne 110
Bridgman, Nanie 32, 36, 37
Brossard, Sébastien de 20, 50, 51, 54, 55, 65, 69, 73, 76
Brumel, Antoine 37
Bruni, Antonio Bartolomeo 72
Busnois, Antoine 32
Busser, Henri 110

C
Campra, André 59, 67, 69, 70
Carissimi, Giacomo 72
Carré, Albert 107
Cassiodore 14
Cazzatti, Maurizio 51
Chaillou de Pestain 30, 44
Champion de Chambonnières, Jacques 63, 64, 67
Charles Ier d'Angleterre 60
Charles le Chauve 12, 13
Charles VII 32
Charpentier, Marc-Antoine 9, 74, 75, 76
Chausson, Ernest 107
Choisnel, Gaston 112
Chopin, Frédéric 112
Chrétienne de France, duchesse de Savoie 60
Claudel, Paul 119, 120
Coeurdevey, Annie 21, 26
Combarieu, Jules 130
Concini, Concino 60
Corbin, Solange 11
Corneille, Pierre 74. 79
Cortot, Alfred 111
Couperin, François 63, 69, 70, 76

D
Debussy, Claude 105-114
Debussy, Emma Bardac, Mme Claude
  voir Bardac, Emma
Debussy, Lilly Texier, Mme Claude
  voir Texier, Lilly
Delage, Maurice 116
Delalande, Michel-Richard 67, 69, 70, 83

Delamain, Jacques 123
Desmarets, Henri 59, 70
Destouches, André Cardinal 70
Diaghilev, Serge de 115, 117
Dollé, Charles 67
Donfrid, Johann 51
Du Chemin, Nicolas 40
Du Mont, Henry 67-69
Du Ry, Antoine 38
Dubut 64, 65
Dufay, Guillaume 32, 33
Dunstable, John 32
Duplessis, F. graveur 63
Dupont, Gaby 111
Durand, copiste 76
Durand, Jacques 110-112
Durand, Éditions 117
Durosoir, Georgie 56, 72

E
Édouard, Jacques 74
Élisabeth, reine d'Espagne 60
Enguerrand de Marigny 30
Esterhazy, Nicolas 80, 84

F
Fauquet, Joël-Marie 80
Favier, Jean 67
Fede, Innocenzo 72
Fede, Jean 32
Ferrand, Humbert 100
Ferrare, duc de 36
Ferrare, Isabelle duchesse de 36
Festetics, famille 84
Fétis, François-Joseph 79
Fezandat, Michel 40
Fischer, Johann Caspar 61
Fodor, Charles 83, 84
Fokine, Michel 116
Fossard, François 62
Foucault, Henri 73, 76
Franciscus Niger 36
François Ier 61
Francon 22
Frescobaldi, Girolamo 52
Fresneau, Jehan 32
Fürnberg, lieutenant colonel 84

G
Gace Brulé 28, 29
Gafori, Franchino 15, 18-20

Gallot, famille 65
Garban, Lucien 117, 119
Gardane, Alessandro 52
Gardane, Angelo 52
Gardane, Antoine 51, 52
Gassendi, Pierre 8
Gastoldi, Giovanni 54
Gastoué, Amédée 11
Gaucelm Faidit 28
Gautier, Denis 64, 65
Gautier, Ennemond 64, 65
Gélase I, pape 24
Gervais du Bus 29, 30, 44
Gervais, Charles-Hubert 67
Gesualdo, Carlo 52, 53
Ghiselin, Johannes 37
Gillebert de Berneville 28
Giroust, François 79
Giunta, Jacopo 38
Gluck, Christoph Willibald 79, 80
Godet, Robert 106, 108
Goethe, Johann Wolfgang von 97
Gounet, Thomas 97
Grandi, Alessandro 51
Grimm, baron Melchior 72
Granjon, Robert 58
Guaynard, Étienne 39, 40
Guédron, Pierre 56, 57, 60, 61
Gui d'Arezzo 12, 14, 15, 21
Guidobaldo Ier, duc d'Urbino 37
Guillaume de Machaut 29, 31, 45
Guillaume l'Hébreu 15
Guillaume li Vinier 28
Guillo, Laurent 37, 40, 56-58, 69, 70, 72
Guiraut Riquier 28
Guise, Mademoiselle de 76

H
Han, Ulrich 36
Hardel, Jacques 67
Hartmann, Georges 107
Haultin, Pierre 52
Haydn, Joseph 80-86
Henri III 61
Henri IV 61
Henri VII 30
Henriette-Marie de France 60
Herlin, Denis 111
Hitchcock, Wiley 74
Holoman, Kern 98, 100
Honegger, Arthur 119-121

Huet, Daniel, évêque d'Avranches 7, 69
Huglo, Michel 12, 20, 22, 23, 25, 26
Huret, Jules 111

I
Imbault, Jean-Jérôme éditeur 82, 83
Isidore de Séville 14

J
Jacques II 72
Jean de Berry 31
Jean de Montchenu 32
Jean de Murs 15, 22, 31
Jehan Maillart 30
Jehannot de Lescurel 31
Jolivet, André 49, 122, 121
Josquin Des Prés 37

K
Kafka, Johann 93
Kapsberger, Girolamo 54
Kastner, Georges 98
Köchel, Ludwig von 78, 92

L
La Chaussée, Pierre Claude Nivelle de 32
La Rue, Pierre de 37
Lachnith, Ludwig 84
Lallemand, copiste 76
Lambert, Michel 56
Lang, François 112
Langlois, graveur 72
Lassus, Roland de 40
Laurent de Médicis 32
Layolle, Francisco 38
Le Bé, Guillaume 58
Le Pautre, Jean 63, 64
Le Roy, Adrian 40
Le Tasse, Torquato Tasso, dit 52
Le Tellier, Charles-Maurice 72
Leborne, Ambroise-Simon 101
Leduc, éditeur 81
Legros, Joseph 84
Lehmann, Robert 110
Lerolle, Henri 108
Leroquais, Victor 26
Lesure, François 40, 52, 106-108, 111
Liszt, Franz 101
Loriod-Messiaen, Madame Yvonne 127
Louis de Savoie, duc 32
Louis X le Hutin 29

Louis XIII 55, 60, 61
Louis XIV 55, 60, 61, 63, 67, 68, 73
Louis XV 59, 67, 68, 88, 89
Louis XVI 67, 68, 70
Louis-Philippe 70
Lugné-Poé 107
Lully, Jean-Baptiste 61, 63, 66-68, 70, 71, 73
Luynes, Charles de 60

M
Madin, Henri 67
Maeterlinck, Maurice 106, 107
Malherbe, Charles 82, 86-88, 93, 95
Mangeant, Jacques 56
Marais, Marin 63
Marie-Thérèse, reine de France 74
Mariette, Pierre le jeune 72
Martin Le Franc 18, 32
Mathieu 95
Maxwell, James Clerk 128
Mazarin, cardinal Jules 28
McGowan, Margaret 60
Meibom, Marcus 20
Mersenne, Marin 8
Merula, Tarquinio 51
Messager, André 107, 110
Messiaen, Olivier 121, 123-128
Metastasio, Pietro 89
Meyer, André 48, 98, 100, 108, 109, 110
Meyer, Christian 12, 14, 64
Mézangeau, René 64
Milhaud, Darius 121, 123
Milliare, Lodovico 34, 36
Molière 61, 73, 74
Molinet, Jean 32
Montespan, Athénaïs de Rochechouart, marquise de 70
Monteux, Pierre 115
Monteverdi, Claudio 51, 52
Moore, Thomas 97
Morel, Auguste 98
Morton, Robert 32
Morzin, famille 84
Moschelès, Ignaz 93
Moulinié, Étienne 56, 61
Mozart, Constance 90, 91
Mozart, Léopold 86-90
Mozart, Nannerl 88
Mozart, Wolfgang Amadeus 78-80, 86, 88-92, 105, 119

N
Neukomm, Sigismond 81
Nicomaque 14
Nijinska, Bronislava 119
Nijinsky, Vaslav 113
Nissen, Georg Nikolaus von 91
Nottebohm, Georg 93
Noverre, Jean Georges 88

O
Ockeghem, Johannes 32
Ogny, comte Rigoley 81, 82
Orderic Vital 21
Orens, évêque d'Auch 25

P
Peire Vidal 28
Peiresc, Gabriel 8
Pépin le Bref 24
Petrucci, Ottaviano 11, 37, 38, 51
Philidor, André Danican 60-63, 70, 71, 73, 76
Philidor, Anne Danican 70, 76, 83
Philippe de Vitry 22, 30, 31
Philippe IV le Bel 29
Philippe IV, roi d'Espagne 60
Philippe V le Long 29, 30
Philolaus 18-20
Picardet, Hugues 69
Pixérécourt, Charles-René 31
Platon 14
Pleyel, Ignace 86
Poisson, Siméon-Denis 128
Porphyre 20
Profe, Ambrosius 51
Ptolémée 14, 18, 20
Pythagore 18-20

R
Radnitzky, Johann 84
Raimon de Miraval 28
Rameau, Jean-Philippe 20, 63, 76, 77
Ramuz, Charles-Ferdinand 114
Ravel, Maurice 117-119
Régnier, Henri de 107
Rigel, Louis 84
Robert, Pierre 67
Rocquemont, Pierre-Aimable 101
Roerich, Nicolas 116
Roger-Ducasse 114
Rore, Cyprien de 63
Rovetta, Giovanni 51
Rothschild, Henri de 32
Rousseau, Jean-Jacques 8, 73
Roze, Nicolas 61
Rubinstein, Ida 117, 119, 121

S
Sacher, Paul 115
Satie, Erik 127
Saxe, Marie-Josèphe de 88
Scarlatti, Alessandro 72
Schade, Abraham 51
Scheidt, Samuel 51
Scherchen, Hermann 129
Schindler, Anton 92, 93, 95
Schott, éditeur 55
Schütz, Heinrich 51, 52
Scotto, Girolamo 8, 51
Seyffert, Wolfgang éditeur 51
Sieber, éditeur 82
Silly, Mlle de 82
Spontini, Gaspare 95
Squarcialuppi, Antonio Bartolomeo 32
Stamitz, Carl 83
Stamitz, Johann 83
Straram, Walther 117
Stravinsky, Igor 48, 105, 113-116
Stumpff, Johann Andreas 90
Swieten, baron van 90

T
Tessé, comtesse de 88
Texier, Lilly 111
Thalberg, Sigismund 93
Thibault de Chambure, Geneviève 32, 39, 40, 55, 66, 67
Thibaut de Navarre 28
Tiersot, Julien 98
Tinctoris, Johannes 15
Torelli, Giacomo 60
Toulouse, Alexandre de Bourbon comte de 70, 71
Tyson, Alan 93

V
Vallas, Léon 111
Vasnier, Blanche 111
Venier, éditeur 82, 85
Verdi, Giuseppe 80
Verdonck, Johann 51
Verovio, Simone 40

Viardot, Pauline 79, 92
Victoire de France 88, 89
Victor-Amédée de Savoie 60
Vignal, Marc 80
Vincent, Caspar 51
Virgile 97
Vuillermoz, Émile 111

W
Wallis, John 20
Weber, Carl Maria 95
Weckerlin, Jean-Baptiste 80
Werlin, Johann 55
White, Eric Walter 117
Worms de Romilly, Mlle 106

X
Xenakis, Iannis 105, 121, 128-131

L'auteur

Catherine Massip est née en 1946. Musicologue, archiviste-paléographe, docteur ès lettres, elle est conservateur général, directeur du département de la Musique de la Bibliothèque nationale de France et directeur d'études à l'École pratique des hautes études, 4e section. Elle est l'auteur de nombreux ouvrages et articles et a contribué à des dictionnaires comme le *Dizionario enciclopedistico della musica e dei musicisti* (Turin, 1986), le *Dictionnaire du Grand Siècle* de F. Bluche (Paris, 1990), le *Dictionnaire de la musique en France*, de M. Benoit (Paris, 1992) et le *Dictionnaire Berlioz* de P. Citron (Paris, 2003).

Ouvrages et catalogues d'exposition

Renan, Paris, Bibliothèque nationale, 1974

La vie des musiciens de Paris au temps de Mazarin (1643-1661), Paris, Picard, 1976

Le Chant d'Euterpe, Paris, Hervas (BNP/BN), 1991

Don Juan, Paris, Bibliothèque nationale, 1991

Catherine Massip et Elisabeth Vilatte, *Wagner, le Ring en images*, Paris, Bibliothèque nationale de France, 1994

Portrait(s) d'Olivier Messiaen, Paris, Bibliothèque nationale de France, 1996

Sous la direction de Myriam Chimènes et Catherine Massip, *Portrait(s) de Darius Milhaud*, Paris, Bibliothèque nationale de France, 1998

L'art de bien chanter : Michel Lambert (1610-1696), Paris, Société française de musicologie, 1999

Sous la direction de Cécile Grand et Catherine Massip, *Catalogue des manuscrits musicaux antérieurs à 1800 conservés au département de la Musique de la Bibliothèque nationale de France. A et B*, Paris, Bibliothèque nationale de France, 1999

Catherine Massip et Marie-José Kerhoas, *Au cœur du baroque : les vingt ans des Arts florissants*, Paris, Bibliothèque-Musée de l'Opéra, 1999

Sous la direction de Catherine Massip et Cécile Reynaud, *Hector Berlioz. La Voix du romantisme*, Paris, BNF, 2003

Michel-Richard Delalande. Le Lully latin, Genève, Papillon, 2005

Gilles Cantagrel, Catherine Massip, Emmanuel Reibel, *Mozart. Don Giovanni. Le manuscrit*, Paris, Bibliothèque nationale de France/Textuel, 2005

Articles

« Les fonds musicaux dans les bibliothèques », in *Conservation et mise en valeur des fonds anciens, rares et précieux des bibliothèques françaises*, Villeurbanne, ENSB, 1983

« La collection Toulouse-Philidor à la Bibliothèque nationale », *Fontes artis musicae*, 30/4, 1983

« Tristan L'Hermite et ses musiciens : quelques jalons bibliographiques », *Cahiers Tristan L'Hermite*, VI, 1984

« Le mécénat musical de Gaston d'Orléans » in *L'Âge d'or du mécénat*, Paris, CNRS, 1985

« Les petits motets de Jean-Baptiste Lully : de quelques problèmes d'authenticité et de style » in *Jean-Baptiste Lully*, J. de La Gorce, H. Schneider (éd.) Laaber, Laaber, 1990

« Maîtres et surintendants du roi au XVIIIe siècle. Quelques réflexions à propos du *Mémoire* », *Recherches sur la musique française classique*, XXIV, 1986

« Rameau et l'édition de ses œuvres : bref aperçu historique et méthodologique », in *Jean-Philippe Rameau*, J. de La Gorce (éd.), Paris, Champion-Slatkine, 1987

Œuvres des Gallot. Recherches biographiques, Paris, CNRS, 1987, «Corpus des luthistes français»

«Le rôle de Lully dans la formation de l'opéra français», *L'Avant-scène Opéra, Atys, Lully*, 94, 1987

«Les collections d'opéras italiens à la Bibliothèque nationale» in *L'Opera tra Venezia e Parigi*, Maria Teresa Muraro (éd.), Florence, L. Olschki, 1988

«Michel Lambert and Jean-Baptiste Lully: the stakes of a collaboration», in *Jean-Baptiste Lully and the music of the French Baroque; Essays in honor of James R. Anthony*, Cambridge, Cambridge University Press, 1989

«Jules Renard en musique» in *Jules Renard. Actes du colloque tenu à Nevers 8-10 juin 1990*, Nevers, Conseil général de la Nièvre, 1991

«L'air dans la tragédie lyrique» in *La tragédie lyrique*, Paris, Cicero, 1991

«Airs français et italiens dans l'édition française 1643-1710», *Revue de musicologie*, 77/2, 1991

«Paris, 1600-1661», in *The Early Baroque Era*, Curtis Price (éd.), Londres, Macmillan, 1993

«Les sources musicales et littéraires des comédies-ballets de Molière et Lully présentes dans la collection Philidor, *Littératures classiques*, 21, 1994

«Romain Rolland musicologue. Les sources au département de la Musique» in *Permanence et pluralité de Romain Rolland*, colloque Clamecy 22-24 septembre 1994, Nevers, Conseil général de la Nièvre, 1995

«La bibliothèque du Conservatoire (1795-1819) : une utopie réalisée ?» in *Le Conservatoire de Paris, 1795-1995, Des Menus-Plaisirs à la Cité de la Musique*, Paris, Buchet/Chastel, 1996

«Les salons au XVIIIe siècle : cartographie des collections», in *Musiques et musiciens au faubourg Saint-Germain*, Paris, Délégation à l'Action artistique de la Ville de Paris, 1996

«La bibliothèque musicale du baron Grimm», in *D'un opéra l'autre. Hommage à Jean Mongrédien*, Jean Gribenski (éd.), Paris, Presses de l'université de Paris-Sorbonne, 1996

«Sébastien de Brossard lexicographe», in *Colloque Sébastien de Brossard*, Versailles, Centre de musique baroque de Versailles, 1998

«François Couperin dans les recueils collectifs au XVIIIe siècle», in *François Couperin. Nouveaux regards*, Huguette Dreyfus (dir.), actes réunis par Orhan Memed, Paris, Académie musicale de Villecroze – Éditions Klincksieck, 1998

«L'édition musicale en France aux XVIIe et XVIIIe siècles : un témoin illusoire du goût?», *Revue française d'histoire du livre*, 100-101, 3e et 4e trimestres 1998

«De l'air de cour à la tragédie lyrique», *Revue de la Bibliothèque nationale de France*, 3, automne 1999

«La musique à la Bibliothèque nationale de France : les sources écrites» dans *Fontes artis musicae*, 47/2-3, avril-septembre 2000

«Berlioz and early music», in *Berlioz, past, present, future. Bicentenary Essays* Peter Bloom (éd.), Rochester, University of Rochester Press, 2003

«Le chant français autour de 1700», *Basler Jahrbuch für historische Musik Praxis*, 2006

«Russian archives in the collections of the Music Department of the Bibliothèque nationale de France», *Fontes artis musicae* 53/3, juillet-septembre 2006

«Les sources écrites de l'interprétation au département de la Musique de la Bibliothèque nationale de France : présentation générale», *Fontes artis musicae*, 54/1, janvier-mars 2007

«La bibliothèque musicale et les archives» in *L'Orchestre de Paris. De la Société des concerts du Conservatoire à l'Orchestre de Paris 1828-2008*, sous la direction de Cécile Reynaud avec la collaboration de Catherine Massip et Kern Holoman, Paris, Éditions du Patrimoine Centre des monuments nationaux, 2007

Crédits photographiques

Les documents reproduits dans cet ouvrage proviennent des collections de la Bibliothèque nationale de France (département des Manuscrits, département de la Musique). Les clichés ont été réalisés par le département de la Reproduction.

Le manuscrit de Claude Debussy (ill. 40) est reproduit avec l'aimable autorisation de la Succession Debussy.
Les manuscrits d'André Jolivet (ill. 16 et 43) sont reproduits avec l'aimable autorisation de Mme Christine Jolivet.
Le manuscrit d'Arthur Honegger (ill. 42) est reproduit avec l'aimable autorisation de Mme Pascale Honegger, de Mme Maud Czerwin et de la Société Paul Claudel.
Le manuscrit de Maurice Ravel (ill. 41) est reproduit avec l'aimable autorisation de la Succession Ravel.
Le manuscrit d'Igor Stravinsky (ill. 15) est reproduit avec l'aimable autorisation de Boosey and Hawkes Music Publishers Ltd. © Copyright 1912, 1921 by Hawkes and Son (London) Ltd.
Le manuscrit de Iannis Xenakis (ill. 46) est reproduit avec l'aimable autorisation de Mme Françoise Xenakis.
Les manuscrits d'Olivier Messiaen (ill. 44 et 45) sont reproduits avec l'aimable autorisation de la Fondation Olivier Messiaen et de Mme Yvonne Loriod Messiaen, que nous remercions chaleureusement.

Direction éditoriale
Pierrette Crouzet

Suivi éditorial
Catherine Coupard

Iconographie
Nathalie Bréaud

Conception graphique et mise en pages
Ursula Held

Cet ouvrage est composé
en caractères Plantin et Corporate
Photogravure : IGS, Angoulême
Achevé d'imprimer en janvier 2007
sur les presses de l'imprimerie
Deckers Druk/Snoeck-Ducaju à Anvers (Belgique)
sur papier permanent
Centaure naturel 110 g
Dépôt légal : janvier 2008